Reise durch die

# NORDFRIESISCHEN INSELN

Bilder von
Karl-Heinz Raach

Texte von
Ulrike Ratay

Stürtz

**Erste Seite:**
*Inselidylle mit Pferden vor dem schwarz-weißen Leuchtturm von Kampen auf Sylt. Das südlich des* Nobelortes stehende Leuchtfeuer wurde am 31. März 1856 erstmals in Betrieb genommen.

**Vorherige Seite:**
*Bunte Strandkorbversammlung am Strand von Nieblum auf Föhr. Von diesem Küstenabschnitt mit einem windgeschütz-* ten Spielplatz hinter der Düne muss man noch ein ganzes Stück bis zum schönsten Dorf der Insel laufen.

**Unten:**
*Seit dem 16. Jahrhundert wird auf den Inseln Tracht getragen, wobei sich nur für die Frauen eine eigenständige Form entwickelt* hat – vielleicht, weil viele Männer die meiste Zeit des Jahres auf See verbrachten. Hier beim Tanz auf dem Mühlentag in Nebel auf Amrum.

**Seite 10/11:**
*Einzigartig auf Amrum ist
der Kniepsand. Über der
ehemaligen Sandbank, die
Wind und Wellen über die*

*Jahrhunderte aufgebaut
haben, erhebt sich der
fast 42 Meter messende,
charakteristisch rot-weiße
Leuchtturm der Insel.*

# Inhalt

# „Rüm hart – klaar kiming" – die Nordfriesischen Inseln

*Gemütliche Gastlichkeit erlebt man in der Alten Friesenstube in Westerland auf Sylt. Das 1648 erbaute, reetgedeckte Haus gilt als das älteste noch erhaltene der Insel und bietet feine regionale Küche.*

Dies ist eine Liebeserklärung. Eine Liebeserklärung an alle Nordfriesischen Inseln mitsamt ihren Unterschieden und Gemeinsamkeiten – alle sind wunderschön. Sei es nun Sylt mit seinem Rummel der Schönen und Reichen, aber auch den einsamen Strandabschnitten hinter den Dünen, wo man die Urgewalt der Nordsee erleben kann. Sei es Amrum mit dem einzigartigen Kniepsand und den großen Vogelschutzgebieten oder das noch eher ruhige und kinderfreundliche Föhr, das mitten im Wattenmeer liegt. Sei es Pellworm und Nordstrand mit ihren grünen Stränden, Kühen und Schafen, oder die Halligen, die wiederum eine Welt für sich bilden.

Welten für sich bilden die Inseln auch sprachlich, denn Friesisch ist nicht gleich Friesisch, auf fast jedem Eiland wird noch ein anderer Dialekt gesprochen: Sölring auf Sylt, Öömrang auf Amrum, Fering auf Föhr und Hallifresk auf den Halligen. Diese Vielfalt hat ihre Ursache in der Geschichte: Es gab kein nordfriesisches Staatswesen, das vereinheitlichend hätte wirken können, es gab kein politisches, wirtschaftliches und kulturelles Zentrum. Zudem waren die einzelnen Gebiete durch das Meer getrennt – man hatte relativ wenig Kontakt zueinander. Dennoch ist natürlich auch hier, insbesondere seit dem letzten Jahrhundert mit seinen technischen Entwicklungen, das Hochdeutsch die gebräuchliche Sprache. Man bemüht sich aber, die friesische Sprache lebendig zu erhalten. Im Jahr 2004 wurde vom Schleswig-Holsteinischen Landtag das sogenannte „Friesisch-Gesetz" zur Förderung des Friesischen im öffentlichen Raum verabschiedet. So sind viele Ortsnamen zweisprachig ausgeschildert, in den Schulen wird Friesisch unterrichtet, seit 2010 gibt es einen Friisk Funk. Bekannt ist jedenfalls der nordfriesische Wahlspruch „Rüm hart – klaar kiming" – weites Herz – klarer Horizont, in dem sich die Weltläufigkeit der inselfriesischen Kapitäne widerspiegeln soll. Man könnte es aber auch so interpretieren, dass die Nordfriesen heutzutage Besucher gerne willkommen heißen und die Weite und Klarheit des Horizonts in Nordsee und Wattenmeer immer einen Besuch wert sind.

Aber es ist auffallenderweise oft so: Entweder man liebt Nordsee und Wattenmeer samt seinen Eilanden, oder man fährt gar nicht erst hin – weil der Wind zu stark bläst, weil es zu kalt ist, das Wasser die Hälfte des Tages nicht da ist und so weiter und so fort. Zugegeben, auf den Nordfriesischen Inseln scheint nicht immer die Sonne, ist es nicht immer warm, es herrscht vielleicht auch kein karibisches Lebensgefühl – dennoch ist es ein überaus faszinierendes Gebiet, bietet diese Landschaft Abwechslung und Einzigartigkeit wie kaum eine zweite.

### Inselbilder

Zu jeder Jahreszeit bringen Wetter und Wasser unendlich schöne Bilder hervor: Wolkenformationen wie Gemälde, Dünenlandschaften von Licht durchflutet, das Meer gibt sich sanft und spiegelglatt, dann wieder stürmisch, wild und noch immer gefährlich. Zieht sich das Wasser zurück, bilden Rippelmarken (die Muster, die Strömung und Wellen im Meeresboden hinterlassen) grafische Kunstwerke, auf denen die Schätze des Meeres zurückbleiben: Braungrüne Girlanden aus Blasentang, grasgrüne Blätter des Meeressalats, die Eiballen der Wellhornschnecken, Seevogelfedern und natürlich die vielen Schalen zum Beispiel der Amerikanischen Schwertmuscheln, der Herzmuscheln und der Tellmuscheln. Kann man im Sommer durchaus die Sonne anbeten, ist es für manche genauso schön sich im Herbst und Frühjahr vom Wind durchpusten zu lassen. Dabei ist es schon eine elementare Erfahrung, wenn man, sandgestrahlt durch die fliegenden Körner, tatsächlich nicht mehr gerade stehen oder gehen kann, ohne umzufallen. Und erst der Winter: Es gibt kaum etwas Schöneres, als sich am Strand unter stahlblauem Himmel zwischen bizarren Eisschollenkonstruktionen in eine arktische Landschaft versetzt zu fühlen. Und Gutes für die Gesundheit bringt ein Aufenthalt bei jedem Wetter, denn die Nordseeluft wirkt wie ein reiner Meeresmineraliencocktail, der die Bronchien befreit und den Schnupfen wegbläst, beziehungsweise überhaupt den Atemwegen und der Allgemeinverfassung guttut.

### Pharisäer und Tote Tante

Und gegen Nässe und Kälte kann man ja etwas tun – erstens sich warm anziehen oder nach einem Spaziergang sich innerlich erwärmen zum Beispiel mit einem Pharisäer, das heißt einem Kaffee mit Rum unter einem dicken Sahneklecks. Dieses Getränk sollte man übrigens nicht umrühren, heiß und kalt sollen sich beim Trinken vermischen. Erfunden wurde der Pharisäer 1872 im heutigen Pharisäerhof auf Nordstrand. Der Anlass war die Kaffeetafel

*Nicht nur auf den Inseln wird gerne Urlaub gemacht, auch die Gewässer zwischen ihnen sind als Freizeitreviere für Segler beliebt. Für Nichtsegler bleibt immer noch eine Fahrt mit der Fähre oder mit zahlreichen Ausflugsbooten.*

einer Taufe – der eingeladene Pastor war gegen Alkohol – deswegen musste der Gastgeber zu einer List greifen: Er braute einen starken Kaffee, gab Rum hinzu und versteckte den Alkoholgeruch unter einer dicken Schicht Sahne. Der Pastor bekam natürlich Kaffee ohne Rum – doch die immer bessere Stimmung der Festgemeinde machte diesen misstrauisch und er probierte bei seinem Nachbarn. Empört beschimpfte er seine ungehorsamen Schäfchen als „Pharisäer".

Der Konflikt zwischen Glaubensvorschriften und Genuss brachte noch eine andere Variante hervor: Tote Tante heißt eine heiße Schokolade mit Rum und Sahnehaube. Ein weiteres wärmendes alkoholisches Getränk an der Nordseeküste ist der allgemein bekannte Grog, der traditionellerweise aus der Mischung „Rum muss, Zucker darf, Wasser kann sein" besteht. Auch in den Tee kann man Rum oder Köm (Kümmelschnaps – das ganze heißt dann Teepunsch) geben, obwohl die Schwarzteemischungen wie der Föhrer Gold Festtagstee, die Kräuterteemischungen wie Schietwettertee oder Früchteteemischungen wie Strandkrabbe zum Beispiel des Föhrer Teekontors allein schon ein geschmackliches Vergnügen sind. Teetradition auf den Nordfriesischen Inseln gibt es laut Legende spätestens seit 1735, als ein Tee-Klipper vor Amrum strandete und Teekisten an den Strand gespült wurden, aber auch wegen der frühen Handelsbeziehungen mit England.

### Kampf gegen das Meer

Genießt man heutzutage nach einem Strandspaziergang seinen Tee oder Stärkeres zum Beispiel in einem luxuriösen Wellnesshotel, in einem komfortablen Ferienhaus beziehungsweise Ferienwohnung vielleicht mit einem gemütlichen Kaminofen oder in einem warmen und kuscheligen Pensionszimmer, kann man sich kaum noch vorstellen, dass das Leben auf den Inseln bis zur Mitte des 20. Jahrhunderts oft einem Überlebenskampf ähnelte. Zwar war man nicht in große Kriege verwickelt (obwohl die Geschichte der wechselnden Herrschaften von der dänischen Krone, über die Herzöge von Gottdorf, von Schleswig und von Lauenburg, bis zu den Preußen zweifellos mehrere Bücher füllen könnte), der eigentliche Kampf fand gegen das Meer statt. Hier wurden nicht die Schlachten benannt, sondern die großen Naturkatastrophen, denn auch sie vernichteten Land, Menschen, Häuser und Tiere. 1362 erst bildete die Erste Grote Mandränke, beziehungsweise

Zweite Marcellusflut, die heutige Gestalt der Inseln heraus und begrub in einer einzigen Nacht Rungholt unter den Fluten – tausende von Menschen starben. Ebenfalls gewaltig war 1634 die Zweite Grote Mandränke oder Buchardiflut, die die alte Insel Strand in drei Teile zerriss – von circa 8800 Einwohnern kamen etwa 70 Prozent um. Die Halligflut im Februar 1825 verwüstete fast alle Hallighäuser, weit über 900 Bewohner, unzählige Kühe und Schafe fanden den Tod. Noch bei der großen Sturmflut von 1962 gab es auf den Nordfriesischen Inseln große Schäden.

Und auch heutzutage ist es beeindruckend, eine Sturmflut auf einer der Inseln zu erleben – in Wyk auf Föhr wird in diesem Fall der Hafenbereich abgesperrt, die Deichtore geschlossen und die Sturmwogen schlagen dann tatsächlich über die Strandpromenade bis zur Absicherung. Macht man am nächsten Tag einen Strandspaziergang, erschreckt einen doch die Wasserhöhe und die Schäden, die die Flut zum Beispiel an den Dünen vor Utersum (Föhr) angerichtet hat. Da fehlte einfach ein ganzes Stück, das gestern noch da gewesen war! Noch heute melden die Halligen bis zu 30 Mal im Jahr „Land unter", und speziell Sylt gehen die Attacken der Fluten an die Substanz. Durch seine Lage ist es dem Meer besonders ausgesetzt, was mehrere Meter Küstenschwund jährlich zur Folge hat.

Dem versucht man seit Jahrhunderten mit Küstenschutzmaßnahmen entgegenzuwirken. Allgegenwärtig sind auf den Inseln die bis zu acht Meter hohen und oft kilometerlangen Deiche. Auf dem Festland und den Inseln zusammen sollen es über 850 Kilometer sein – ein vergleichbares Bollwerk gibt es in ganz Europa nicht. Als Deichschutz unerlässlich sind die Schafe, die den Boden der Deiche festtreten und den Bewuchs kurz halten. Um das Abspülen der Inseln aufzuhalten, probiert man im Laufe der Zeit verschiedenste Methoden: Im 19. Jahrhundert baute man Dämme aus Holzpfählen im rechten Winkel zur Uferlinie ins Meer, später abgelöst von Buhnen aus Metall und Beton. Diese erwiesen sich allerdings als kontraproduktiv, weil sie einen kreisförmigen Neerstrom erzeugten – was auf der einen Seite abgelagert wurde, wurde an der anderen abgetragen. In den 1960er-Jahren wurden sogenannte Tetrapoden aus Beton am Fuß der Dünen verlegt, aber auch sie konnten das Meer nicht aufhalten. Gegenwärtig versucht man, mit sehr teuren Sandvorspülungen die Küstenlinie Sylts zu erhalten – aber ob man auf Dauer, in Zeiten des Klimawandels mit immer stärkeren Stürmen und Sturmfluten, den Kampf gegen das Meer gewinnen kann, ist fraglich.

## Friesenhaus

Zu den idyllischen Inselansichten gehören die reetgedeckten alten Friesenhäuser, meist umgeben von schönen Bauerngärten mit den ebenfalls typischen Friesenwällen. Doch die Bauweise der Wohngebäude hat ebenfalls etwas mit dem Schutz vor den Fluten zu tun. Denn sie wurden nicht mit massiven Mauern errichtet – eine Ständerkonstruktion (manchmal sogar aus alten Masthölzern) dient der Statik. So wurden bei einer Sturmflut zuerst die Backsteinmauern eingedrückt, die tragenden Balken und das Dach blieben erhalten. Schöne Beispiele der alten Friesenhäuser sieht man unter anderem in Keitum auf Sylt oder in Nieblum auf Föhr. Auf der Hallig Hooge erzählt die Hanswarft mit dem Königspesel eine kleine Geschichte: In dem reich geschmückten Raum übernachtete im Jahre 1776 der Dänenkönig Friedrich VI., der die Schäden nach einer Sturmflut begutachten wollte. Ein erneutes „Land unter" hatte ihn an der Weiterfahrt gehindert. Ist der Erhalt der ganz alten Häuser durch den Denkmalschutz gegeben, wird auf den Inseln inzwischen viel nicht ganz so alter Bestand abgerissen. Neu gebaut wird jedoch nicht für die Inselbewohner – nicht nur auf Sylt wird der Wohnraum für Einheimische knapp. Immer mehr „Zugewanderte" kaufen sich dort einen Zweitwohnsitz, viele Häuser beherbergen nur noch Ferienwohnungen und die Immobilienpreise steigen ins Astronomische. Inzwischen pendeln viele Nordfriesen zur Arbeit auf die Inseln, so wie die Bahnmitarbeiter des Bahnhofs Westerland, in dem der Fahrkartenschalter geschlossen bleibt, wenn der Zug von Niebüll wegen einer Baustelle Verspätung hat. Aber auch auf Föhr erzählte uns eine Gastwirtschaftsbesitzerin aus Utersum, die in den Ruhestand gehen wollte, dass für sie das Leben auf der Insel dann zu teuer würde.

## Kneipengeschichten

Apropos Gastwirtschaft – der Besitzer der berühmtesten „Kneipe" beziehungsweise „Hütte" auf Sylt ist natürlich auch ein Zugereister. Die Rede ist von der weithin bekannten Sansibar in den Rantumer Dünen. Deren Patron Herbert Seckler, gebürtiger Schwabe, brachte den einstigen Erbsensuppen-Kiosk mithilfe des Stuttgarter Kochs Vincent Klink an die Spitze der Gourmetlisten. Die überaus umfangreiche Weinkarte übersteigt die Auswahlfähigkeiten eines

Normalverbrauchers und in einem Dünensand-
verlies sollen Spitzenweine der Welt lagern.
Die gekreuzten Schwerter als Markenzeichen
findet man inzwischen auf allen möglichen Produkten – von Gewürzmischungen über Klamotten bis hin zu Wein und Whisky. Also nur
ein Tummelplatz der Reichen? Bei einem Sylt-
aufenthalt im November standen wir nun,
eingeschüchtert durch die Nobelkarossen des
Parkplatzes vor der tatsächlich ein bisschen an
eine Hütte erinnernde, dennoch ziemlich großen
Behausung dieses Mythos „Sansibar". Es fing
an zu regnen – sollten wir uns hineintrauen?
Vorsichtig fragten wir einen der durchweg alle
jung und gut aussehenden Servicemenschen
(schlank müssen sie wohl sein, um zwischen
den eng gestellten Tischen hindurchzukommen),
ob es wohl möglich wäre, auch nur einen Tee
zu konsumieren? Es war selbstverständlich
und mit großer Nettigkeit möglich, den Regenschauer bei einem edlem Tee abzuwarten (der
erstaunlicherweise sogar preisgünstiger als in
einem Bäckerladen mit Café tags zuvor war).
Wobei natürlich gesagt werden muss, dass es
zur Saison nahezu unmöglich ist, spontan in
der Sansibar oder dem schönen Außenbereich
einen Platz zu finden. Reservierungen weit im
Voraus empfehlen sich dann.

### Glaube, Liebe, Hoffnung
Gänzlich anders verliefen unsere Besuche einer
weiteren Kneipeninstitution in Wyk auf Föhr:
„Glaube, Liebe, Hoffnung". Der Morgen danach
war meist ein schwerer, was auf so obskure,
wie hochprozentige Getränke mit Namen „Sarg-
nagel" (oder war es „Rostiger Nagel"? – es
brannte jedenfalls scheußlich im Hals) zurück-
zuführen war, den uns eine am selben Tisch
sitzende Kartenrunde empfahl. In diesem Etab-
lissement gab es keine kulinarischen Höhenflüge,
keine edlen Weine – aber deswegen besuchte
man es auch nicht. Es war die unvergleichliche
Atmosphäre, die in diesem Raum mit seinem
Sammelsurium an Kuriositäten aus aller Herren Länder herrschte. Fast jeder Quadratzenti-
meter der Wände und der Decke war bedeckt
mit ausgestopften Fischen, Alligatoren, Schild-
krötenpanzern, Harpunen, Messern und einer
Galionsfigur – alles bedeckt mit einer ordentli-
chen Nikotinpatina. Zwar stand „Glaube, Liebe,
Hoffnung" in jedem Reiseführer als Geheimtipp,
aber hier trafen sich auch immer noch die
Wyker, und einen „Touri-Freundlichkeitsbonus"
gab es bei dem resoluten Wirtinnen-Schwes-
ternpaar nicht. Trotzdem war mindestens ein
Besuch pro Föhraufenthalt Pflicht – auch wenn
der Kopf es am nächsten Tag schwer bereute
und man dringend die frische Seeluft brauchte,
um ihn auszulüften. Seit dem Tod von „Tante

*Nördlich von Westerland liegt Wenningstedt auf Sylt. Hier hat man zwar nicht ganz so viele Einkaufsmöglichkeiten wie in der Inselhauptstadt und es geht nicht ganz so exklusiv zu wie im benachbarten Kampen, doch lockt auch hier eine Strandpromenade und zahlreiche Angebote für Familien.*

Herta" 1998 führte ihr Sohn die Kneipe in der Hafenstraße, kam aber 2010 auf tragische Weise ums Leben. Seitdem ist „Glaube, Liebe, Hoffnung" geschlossen und viele Wyker und Besucher trauern um ihre „Stammkneipe". Das Haus wird verkauft – doch zum Glück konnte das Interieur gerettet werden. Im Wyker Friesenmuseum warten die kuriosen Dekorationsstücke auf ein zweites Leben in einem geplanten Museumscafé.

### Kunst und Kultur

Doch hier soll nicht der Eindruck entstehen, auf den Nordfriesischen Inseln besteht ein Urlaub nur aus Strandwanderungen und Kneipen- beziehungsweise Restaurantbesuchen. Hier kann man in Museen viel über Geschichte und Kultur der Region erfahren, kann Kunst besichtigen, Konzerten lauschen, sich bei Lesungen bilden und beim Meereskabarett amüsieren. So lohnt das Wyker Friesenmuseum unbedingt einen Besuch: Durch riesige Walkieferknochen betritt man das an ein kleines Freilichtmuseum erinnernde Außengelände. Dort findet man unter anderem das älteste Haus der Insel, das „Haus Olesen" aus Alkersum (1617), eine freistehende Scheune (im typischen Friesenhaus befanden sich Wohn- und Nutzräume traditionellerweise unter einem Dach) aus Midlum und eine Bockwindmühle von der Hallig Langeneß. Im Haupthaus „Drie Süsters" entdeckt man Zeugnisse von der Steinzeit bis zur Neuzeit, informiert sich über die spannende Zeit des Walfangs und die Anfänge Wyks als Seebad, über die vielfältige Vogelwelt, das Jagen, Fangen und Fischen auf der Insel, die Auswanderungsgeschichte und viele inseltypische Bräuche. So schmückte man früher zu Weihnachten auf den Inseln und Halligen selbst gezimmerte Holzgestelle mit Buchsbaum, Äpfeln, Rosinen und Gestaltengebäck – statt eines Tannenbaums. Hier kann man auch viel über die Funktionsweise einer Vogelkoje erfahren – eine Fanganlage, mit der Wildenten gefangen wurden. Einst gab es auf Föhr sechs davon und eine Wildentenkonservenfabrik, die ihre Dosen bis nach Amerika verschickte. Die Boldixumer Vogelkoje kann man heute noch besichtigen. Aber auch auf Amrum und Sylt laden zum Beispiel das Öömrang Hüs in Nebel oder das Altfriesische Haus und das Sylter Heimatmuseum in Keitum dazu ein, mehr über die Geschichte und Kultur der Inseln zu erfahren.

### Inselkirchen

Und selbst wenn man mit Kirche an sich nicht viel verbindet, lohnen die Inselkirchen einen Besuch. Die ältesten wie St. Severin in Keitum und St. Martin in Morsum auf Sylt, St. Johannis in Nieblum, St. Laurentius in Süderende und St. Nikolai in Boldixum/Wyk auf Föhr sowie St. Clemens in Nebel auf Amrum sind romanischen oder spätromanischen Ursprungs. Zwar wurden alle später baulich verändert, dennoch sind es äußerst interessante Gebäude, die so manches kunstgeschichtlich wertvolle Schmuckstück beherbergen. So sind die Taufbecken meist noch aus romanischer Zeit erhalten. Typisch für die Gotteshäuser der Inseln ist ein seitliches Vorhaus, Kalefaster genannt, das früher wahrscheinlich zum Aufwärmen diente.

In den Inselkirchen finden oft hörenswerte Konzerte statt – die Mittwoch-Abend-Konzerte in der St.-Severin-Kirche in Keitum sind regelmäßig ausverkauft und in der Kirche St. Salvator auf Pellworm lauscht man der berühmten Arp-Schnitger-Orgel von 1711. Apropos Musik: Zwar stammt von Sylt der Komponist Gustav Jenner (1865–1920), heutzutage aber bekannter dürfte die von der Insel Föhr stammende Rock-Pop-Gruppe Stanfour sein, deren Single „For all Lovers" einer der meistgespielten Songs der letzten Jahre im deutschen Radio war.

Der bildenden Kunst ist das Museum der Westküste in Alkersum auf Föhr gewidmet. Dort wird Kunst gesammelt, erforscht und vermittelt, die mit den Themen Meer und Küste verbunden ist. Unter den rund 500 Werken finden sich so bedeutende Namen wie Edvard Munch, Max Liebermann und Emil Nolde. Sehenswert ist ebenfalls das Gebäudeensemble, das Tradition und Moderne verbindet. Zu einem Kunst- und Genusshaus hat sich auf Sylt der gläserne Trinkpavillon der Sylter Mineralwasserquelle in Rantum entwickelt. Neben den kulinarischen Spezialitäten goutiert man im ersten Stock Werke zeitgenössischer Künstler. Neben den Bildern der Museen kann man in zahlreichen Galerien und Ateliers sein ganz persönliches Kunstwerk finden und vielleicht sogar mit nach Hause nehmen.

### Kurzweil und Vergnügungen

Kulturelle Veranstaltungen zuhauf findet man nicht nur in den alten Seebädern. Gefallen den älteren Semestern eher Diavorträge, Lesungen oder Kabarett- und Theatervorstellungen, werden auch die Kinder mit zahlreichen Events wie zum Beispiel einer fast täglich erzählten Gutenachtgeschichte im Kurhaus von Wyk, zahlreichen Bastelangeboten oder naturkundlichen Führungen nicht vergessen. Besonders interessant: Das „Erlebniszentrum Naturgewal-

ten" in List auf Sylt beantwortet Fragen zu dem Themenkomplex Klima, Wetter, Natur; das Nationalpark-Haus in Wyk auf Föhr zeigt eine interaktive Erlebnis-Ausstellung zum Watten- meer und in Aquarien entdeckt man das vielfältige Leben im Watt. Für Cineasten gibt es auf Sylt, Amrum und Föhr Lichtspielhäuser und wer Party machen will, hat – zuvorderst auf Sylt – die Qual der Wahl: So kann man zum Beispiel Vollmondnächte bei „Bambus-Klaus" in den Lister Dünen durchtanzen oder im legen- dären „Pony" in Kampen, mittlerweile Deutsch- lands ältestem Disco-Club, abfeiern. Oder man schlürft seinen Fraisini oder Bellini an einer der weithin bekannten Außenbars des Strönwai, der Whiskymeile Kampens.

Man sieht, wem auf den Nordfriesischen Inseln langweilig wird, ist selber schuld – sogar bei dem allerschlechtestem Wetter. Und dabei haben wir noch gar nicht von den vielfältigen Sport- und Wellnessangeboten gesprochen: Von Angeln über Golf, Radfahren, Reiten, Segeln, Surfen oder Yoga gibt es unzählige Angebote auf den Inseln. Und in den kühleren Jahres- zeiten schwimmt man eben im Nordseewasser der Hallenbäder und genießt die Hitze der zahl- reichen Saunen.

Doch ganz ehrlich: Das allerbeste Freizeitver- gnügen ist und bleibt ein Strandspaziergang an der so unglaublich wohltuenden Luft und zwar zu jeder Jahreszeit. Hier erlebt man die schöns- ten Momente, die beeindruckendsten Bilder, ist der Natur und sich selbst ganz nahe, hier findet man Ruhe und Erholung wie an sonst nur ganz wenigen Plätzen auf der Welt. Deswegen liebe ich die Nordfriesischen Inseln und werde im- mer wieder dorthin zurückkehren.

# Sylt – Königin der Nordsee

*Weiße Strandkörbe am Westküstenabschnitt bei Wenningstedt auf Sylt. Der Ort bildet seit 1927 mit Braderup an der Ostküste eine Gemeinde.*

Schon die Anfahrt zur Königin der Nordsee ist etwas besonderes: Kurz hinter Klanxbüll verlässt der Zug das Festland und zuckelt über den schmalen und elf Kilometer langen, 1927 eröffneten Hindenburgdamm mitten durch das Wattenmeer. Je nach Wetter- und Gezeitenlage blickt man auf Sand und Schlick, ruhige Wasserflächen oder die Gischt der Wellen schlägt dramatisch an die Zugfenster.

Am Zielbahnhof Westerland darf man sich von den wenig attraktiven Hochhausklötzen und Apartmentblöcken nicht abschrecken lassen, der breite Sandstrand und schöne Bauten wie die 1898 eingeweihte Kurverwaltung oder das Jugendstilhotel Miramar entschädigen für die Bausünden der 1970er-Jahre. Und überhaupt ist man ja nicht auf Sylt, um Architekturstudien zu betreiben – den Reiz der mit 99 Quadratkilometern größten Nordfriesischen Insel macht ihre Natur aus: Im Westen branden die Wellen der Nordsee an einen wunderschönen Sandstrand, dahinter erheben sich die hellgelben Dünen, blühende Heidetäler und dunkle Moore gehen im Osten über in grünes Marschland mit den sanften und stillen Buchten des Wattenmeeres.

Besonders ursprünglich zeigt sich die Insel in der Düneneinsamkeit des Lister Ellenbogens im Norden. Eine Umrundung der Hörnumer Odde macht die Gewalt des Meeres deutlich, das jeden Winter mehrere Meter der Südspitze Sylts abträgt. Kampen gilt als Treffpunkt der betuchteren Inselbesucher und beherbergt mit der Uwe-Düne den mit 52 Metern höchsten Ort der Insel. Wenningstedt, zwischen Kampen und Westerland, präsentiert sich als Familienbad, während es in den Ostdörfern: Tinnum (acht Meter hoher Wall der Tinnumburg), Keitum (mit prächtigen Friesenhäusern und der Kirche St. Severin aus dem 13. Jahrhundert), Archsum (kleinster Ort), und Morsum (St. Martin ist die älteste Kirche der Insel) eher ruhig zugeht. In Rantum an der schmalsten Stelle der Insel liegen nur 600 Meter zwischen den Dünen des Weststrandes und den Salzwiesen im Watt – hier wird seit 1993 das Mineralwasser der Sylt-Quelle abgefüllt.

Wer sein Auto auf Sylt
nicht missen möchte, ist
auf den Zug angewiesen:
In Niebüll fährt man auf
den Sylt Shuttle, der einen
dann über den Hinden-
burgdamm nach Wester-
land auf die Insel bringt.
Insassen und Fahrer
bleiben dabei im Wagen
sitzen.

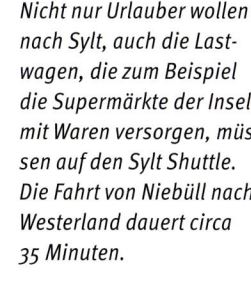

Nicht nur Urlauber wollen
nach Sylt, auch die Last-
wagen, die zum Beispiel
die Supermärkte der Insel
mit Waren versorgen, müs-
sen auf den Sylt Shuttle.
Die Fahrt von Niebüll nach
Westerland dauert circa
35 Minuten.

**Oben:**
Der Nordsee ganz nah ist man auf der circa zwei Kilometer langen Strandpromenade von Westerland auf Sylt.

**Rechts:**
Gemütlich shoppen und Kaffee trinken kann man in der Friedrichstraße. Zusammen mit der Strandstraße und der Kurpromenade bildet sie das Herzstück von Westerland.

**Ganz rechts:**
Das Hotel Miramar wurde 1903 eröffnet und ist ein schöner Gründerzeitbau am Übergang der Friedrichstraße zur Kurpromenade. Die Bronzeskulptur einer rufenden Frau mit Seehund und Möwe „S.o.S – Save our Seas" davor erinnert seit 1990 an den bewussten Umgang mit der Natur.

**Oben:**
Die Musikmuschel wendet an der Kurpromenade Westerlands dem Meer den Rücken zu. In einzigartiger Atmosphäre genießt man hier Musikklänge von Klassik bis Evergreen. Sogar die Punkrockband „Die Ärzte" gaben vor ihrer Neugründung hier 1988 ihr „Abschiedskonzert".

**Links:**
Hier flaniert man, spielt das allgemein bekannte Spiel des Sehen-und-Gesehen-Werdens. Die Strandpromenade von Westerland ist zentraler Treffpunkt – besonders schön beim Sonnenuntergang!

**Oben:**
In Reih und Glied stehen die weiß-blauen Strandkörbe bei Westerland. Man unterscheidet heute sogar eine Nordseeform mit geraden Seitenteilen und kantig wirkendem Oberteil sowie eine Ostseeform mit gerundeten Seiten und einem gewölbten Oberteil.

**Rechts:**
Obwohl Sylt zwischen Mai und August zu den sonnenreichsten Orten Deutschlands zählt, ist es nie verkehrt, bei einem Spaziergang einen Schirm bei sich zu tragen.

**Ganz rechts:**
Der frische Nordseewind lässt selbst im Hochsommer die Temperatur nur selten richtig hochsteigen. Doch der Strandkorb schützt bei einen Sonnenbad vor der kühlen Brise.

**Oben und links:**
Vom Hafen in Hörnum an
der Südspitze Sylts aus
fahren die Schiffe der
Adler-Reederei zu den
Seehundbänken und den
benachbarten Inseln –
Amrum, Föhr oder Hallig
Hooge. Es gibt aber auch
eine Kurzfahrt um die
Hörnum-Odde von circa
einer Stunde oder die
„Große Kreuzfahrt" von
fünf Stunden durch die
Insel- und Halligwelt des
Weltnaturerbes Watten-
meer.

**Seite 34/35:**
Prominente Gäste weilten
schon im Haus Kliffende,
das in der Kampener
Dünenlandschaft gefähr-
lich nahe beim abbröckeln-
den Roten Kliff liegt.
So wohnten in dem 1923
erbauten Haus unter an-
derem Thomas Mann, Ernst
Rowohlt oder Emil Nolde.

**Oben:**
Nicht gerade Kleinstwagen parken am berühmten Strönwai, der berüchtigten Whiskymeile in Kampen auf Sylt. Hier findet man zahlreiche Intreffs, Edelboutiquen oder Galerien.

**Rechts:**
Der schön bewachsene Garten des Cafés Kupferkanne bietet schattige Plätze und als Spezialität des Hauses selbst gemachte Kuchen. Entstanden ist das Café aus einem ehemaligen Wehrmachtsbunker auf der Wattseite Kampens.

**Oben:**
Ein Ort der gehobenen Gastlichkeit ist das Restaurant Sturmhaube mitten in den Dünen am Roten Kliff bei Kampen. Unter reetgedecktem Dach genießt man Sylter Klassiker wie die Royal-Auster oder gleich eine ganze Meeresfrüchte-Platte.

**Links:**
Für Freunde von Luxusautomarken ist der Strönwai in Kampen bestimmt ein geeigneter Studienort. War der Ort in den 1920er-Jahren bei Intellektuellen und Künstlern beliebt, entwickelte er sich in den 1960er- und 1970er-Jahren zu einem „Schickeria-Dorado".

Von außen wirklich kaum mehr als eine Bretterbude, kommt es doch auf die inneren Werte an: die berühmte Sansibar in den Dünen im Süden von Rantum. Hochgelobt ist die Küche von Dietmar Priewe, herausragend der Service, geradezu unüberschaubar die Weinkarte. Kein Wunder, dass es kaum je einen freien Platz im Reich von Herbert Seckler gibt.

Der Mythos Sansibar: Bei gutem Wetter sind die Außenanlagen des beliebten Strandrestaurants immer voll besetzt. Die Kinder vergnügen sich inzwischen auf dem danebenliegenden Spielplatz. Abends hat man ohne Vorbestellung keine Chance auf die berühmte Currywurst oder zum Beispiel geschmorte Kalbsbäckchen. Die gekreuzten Schwerter als Markenzeichen der Sansibar findet man inzwischen auf allen möglichen Produkten – von Gewürzmischungen über Klamotten bis hin zu Wein und Whisky.

# GRÜNKOHL ODER AUSTERN – INSELSPEZIALITÄTEN

Und diese Kuhfladen wollt ihr essen?", so der ungläubige Ausruf unserer kleinen Tochter beim Anblick unserer Teller mit Grünkohl und Pinkel. Aber doch, ja – wir wollten dieses farblich ins grün-braun changierende, nichtsdestotrotz sehr wohlschmeckende, aber auch kalorienreiche Gericht verzehren. Die Saison für dieses typisch norddeutsche Gericht beginnt nach dem ersten Frost, der die Bitterstoffe des Kohls in Zucker umwandelt. Zubereitet wird es mit Bauchfleisch, Kassler, manchmal auch Schweinebacke und Pinkel, einer Grützwurst. Um die gehaltvolle Mahlzeit besser verdauen zu können, wird danach gerne ein Klarer bestellt. Ein anderer Klassiker des Nordens ist das Labskaus, traditionellerweise aus Kartoffeln, Zwiebeln, Corned Beef, Roter Beete, Salzgurken und Matjes sowie einem Spiegelei zusammengemengt. Typisch ist auch der Mehlbüddel, ein großer Mehlteigkloß, der in einem Tuch in Wasser gekocht wird und zu solch deftigem Essen wie geräucherter Schweinebacke gereicht wird – oft in Kombination mit einer süßen Soße aus Kirschen oder Rosinen.

Neben diesen gehaltvollen Gerichten dominiert an der See natürlich der Fisch die Speisekarten, auch wenn die Tiere meist nicht mehr vor Ort gefangen werden. Trotzdem schmecken Scholle, Butt, Dorsch, Hering und natürlich auch die berühmten Nordseekrabben sowohl an der Fischbude im Hafen wie im gutbürgerlichen Dorfkrug oder im teuren Restaurant. Dabei gilt Sylt als wahres Gourmetmekka, nirgendwo sonst versammeln sich so viele Spitzenköche auf so engem Raum. In mehreren Restaurants zaubern Sterneköche Kunstwerke aus Essbarem, weitere zehn Lokalitäten sind im berühmten Gault Millau verzeichnet. Und beim Sylter Gourmet Festival kommen Spitzenköche aus ganz Europa für vier Tage im Januar auf die Insel, um dort in fremden Küchen kulinarische Höhepunkte zu kredenzen.

## Sylter Royal

Nicht nur in den Gourmettempeln genießt man eine ganz spezielle Sylter Spezialität: Austern aus der Blidselbucht im Lister Watt. Dort betreibt Dittmeyer's Austern Compagnie seit 1986 die einzige Austernzucht Deutschlands. Die Delikatesse kommt unter dem Namen „Sylter Royal" bundesweit in den Handel. Bis zu drei Jahre brauchen die aus Irland importierten Setzlinge, bis sie ihr „Erntegewicht" von 70 bis 90 Gramm erreicht haben. Den Winter verbringen die Austern allerdings nicht im Watt, sondern in großen Wasserbassins auf dem Lister

Betriebsgelände. Der Erfolg der Sylter Royal hat aber auch seine Schattenseiten: Die schnell wachsende Pazifische Felsenauster verdrängt einheimische Arten wie die Miesmuschel, die doch eindeutig ebenfalls zu den schmackhaften Meeresfrüchten der nordfriesischen Gewässer gehört. Noch exklusiver gibt sich die Amrumer Wildauster: Amrums einziger lizenzierter Austernsammler Heiko Ganzel versorgt allein das „Seeblick Genuss und Spa Resort Amrum" in Norddorf mit dieser besonderen Spezialität.

## Salzwiesenlamm

Wem Nordseeaustern oder gar in Gemüse-Weinsud geschwenkte braune Meeresalge „Laminaria saccharina", die in Lister Meerwasser-Gewächshäusern gezüchtete Meeresschnecke Abalone oder der Queller – Meeresfenchel, der auf den Wattwiesen wächst (Spargel der Friesen genannt) – zu sehr nach Experiment klingt, kann sich zumindest von Mai bis Juli an eine andere sehr schmackhafte Spezialität der Inseln halten: das Nordfriesische Lammfleisch. Würzige Salzgräser verleihen Salzwiesenlamm seinen unvergleichlichen Geschmack. Das Fleisch hat wenig Fett, dafür hochwertiges Eiweiß. Zudem sind die in den Insellandschaften allgegenwärtigen Schafe nicht nur Fleisch- und Wolllieferant, sie sind unabdingbar für den Küstenschutz: Sie halten das Gras auf den Deichen kurz, treten das Wurzelwerk fest und verdichten so den Boden, den sie zudem mit ihren Hinterlassenschaften düngen.

Ob jetzt Fleisch oder Fisch, Auster, Krabbe oder Alge – unbestritten ist: Seeluft macht Appetit! Und dankenswerterweise findet man auf allen Nordfriesischen Inseln für jeden Geldbeutel in Strandbuden, Dorfgasthäusern oder Gourmetrestaurants Leckeres für jeden Geschmack. Und nach dem Hauptgang ist auch immer noch Platz im Magen für den Dessert-Klassiker: die Rote Grütze. Guten Appetit!

**Links:**
Hier soll der Pharisäer, der Kaffee mit Rum und Sahnehaube, erfunden worden sein: der Pharisäerhof im Elisabeth-Sophien-Koog auf Nordstrand.

**Oben:**
Ein Krabbenkutter entlädt seinen Fang im Hafen von Hörnum auf Sylt. Dabei sind die Krabben eigentlich keine Krabben, sondern kleine Garnelen.

**Kleine Bilder rechts, von oben nach unten:** Scholle ist auf den Inseln ein beliebtes Gericht. Besonders die im Frühjahr gefangene Maischolle wird wegen ihrer Zartheit geschätzt. Sie gehört zur Ordnung der Plattfische.

Der Genuss von Krabbenbrötchen gehört bei einem Urlaub auf den Nordfriesischen Inseln einfach dazu – am besten kauft man Krabben frisch und ungeschält vom Kutter.

Die Auster „Sylter Royal" wird unter anderem pur mit Zitrone, als Tartar oder pochiert serviert. Dazu passt natürlich am besten ein Gläschen Champagner.

Deftig: eine Portion Grünkohl mit Kassler, Bauchfleisch und Kochwurst (Pinkel). Man kann ihn aber auch mit Schweinebacke bestellen.

Strandkörbe bei Kampen
versprechen Schutz vor
Wind, Sonne und Sand-
flug. Bei dem zweiteiligen
Holzgestell kann man das
obere Teil in verschiedene
Halbliegepositionen nach
hinten kippen.

Am Wattenmeer liegt das
Morsum-Kliff, das sich
21 Meter hoch erhebt. Die
Gesteinsschichten lassen
sich an den verschiedenen
Farben erkennen. Beinahe
wäre es als Baumaterial
für den Hindenburgdamm
abgetragen worden, doch
seit 1923 ist das Gebiet
unter Naturschutz gestellt.

**Rechts:**
Das Sylt Aquarium zeigt auf 1300 Quadratmetern die Lebenswelt der Meeresbewohner in der Nordsee, aber auch in den Tropen. In einem gläsernen Tunnel kann man sich unter Wasser begeben. 2004 wurde diese Attraktion im Süden von Westerland eröffnet.

**Unten:**
Von uralter Besiedlung zeugt das Steinzeitgrab Denghoog in Wenningstedt. Über 5000 Jahre alt soll das größte Ganggrab Schleswig-Holsteins sein. Zwölf große Steine tragen die drei Deckenblöcke. Geöffnet wurde es 1868 von dem Hamburger Geologen Ferdinand Wibel.

**Oben:**
Nordfriesische Geschichte wird im Heimatmuseum von Keitum lebendig: Gemälde, Seefahrer-Ausrüstung, Trachten, Schmuck und Mitbringsel aus aller Herren Länder sind in dem 1908 gegründeten Museum untergebracht. Das Haus wurde 1759 erbaut.

**Links:**
Schutzstationen und Vogelwarten bieten vielfältige Informationsveranstaltungen zum Lebensraum Wattenmeer an. Ob Wattwanderung oder ornithologische Führung, die Tier- und Pflanzenwelt auf und um die Nordfriesischen Inseln begeistert Groß wie Klein.

**Links:**

*Typisch für das schöne Sylter Dorf Keitum sind die Friesenhäuser, die sich zwischen Blumenwiesen und Bäumen hinter Steinwälle schmiegen. Einige sind über 200 Jahre alt und zeugen von der erfolgreichen Zeit des Walfangs.*

**Unten:**

*Handarbeit ist gefragt, wenn ein Friesenhaus mit Reet gedeckt wird. Circa 35 Zentimeter dick ist die Schicht der Schilfhalme. In Norddeutschland ist die Reetdachdeckerei ein eigener Berufszweig.*

**Ganz unten:**

*Das Altfriesische Haus in Keitum gibt einen Einblick in die friesische Wohnkultur des 18./19. Jahrhunderts und eine Museumsweberei erinnert an die lange Tradition des Webens auf Sylt. Im 19. Jahrhundert wohnte in dem Anwesen der Inselchronist Christian Peter Hansen.*

**Seite 48/49:**

*List Ost ist einer der beiden Leuchttürme auf dem Lister Ellenbogen – beide stammen aus dem Jahre 1857. Er ist nach List West das zweitnördlichste deutsche Signalfeuer. Die schmale Landzunge des Ellenbogens, die sich wie ein Haken um den Königshafen zieht, ist Naturschutzgebiet.*

**Oben:**
Wind gibt es an der West-
küste Sylts meist genug.
Neben Wellenreitern und
Windsurfern sieht man
immer mehr Kitesurfer –
hier vor Westerland.

**Rechts:**
Auch die Radwege auf Sylt
sind gut ausgebaut. Hier
gibt es zwar keine großen
Steigungen, doch wegen
des Gegenwindes muss
man manchmal ganz schön
in die Pedale treten, um
vorwärts zu kommen. Hier
bewundern Radfahrer die
große Wanderdüne bei List.

**Links:**
Immer noch die einfachste, kostengünstigste und vielleicht schönste „sportliche" Betätigung auf den Inseln: ein langer Strandspaziergang, bei dem man sich ordentlich vom Wind durchpusten lässt und seine Lungen von frischer Seeluft durchlüftet.

**Unten:**
Auch die schönen Künste haben ihren Platz in den beeindruckenden Landschaften Sylts: Malkurs vor der Wanderdüne bei List. 30 Meter hoch und zwei Kilometer lang in ihren Ausmaßen bewegt sie sich pro Jahr vier Meter nach Osten. Wegen ihres weißen Sandes ist sie auch als „Sylter Sahara" bekannt.

*Sylter Landschaften: Oben der menschenleere Strand an der Nordseite des Lister Ellenbogens, unten ein Holzsteg in der Dünenlandschaft bei Klappholttal. Hier liegt auch die sogenannte Akademie am Meer „Klappholttal", eine Stätte der Jugend- und Erwachsenenbildung. Der Name soll sich von Klappholz-Tal (Tal der krummen Kiefern) ableiten.*

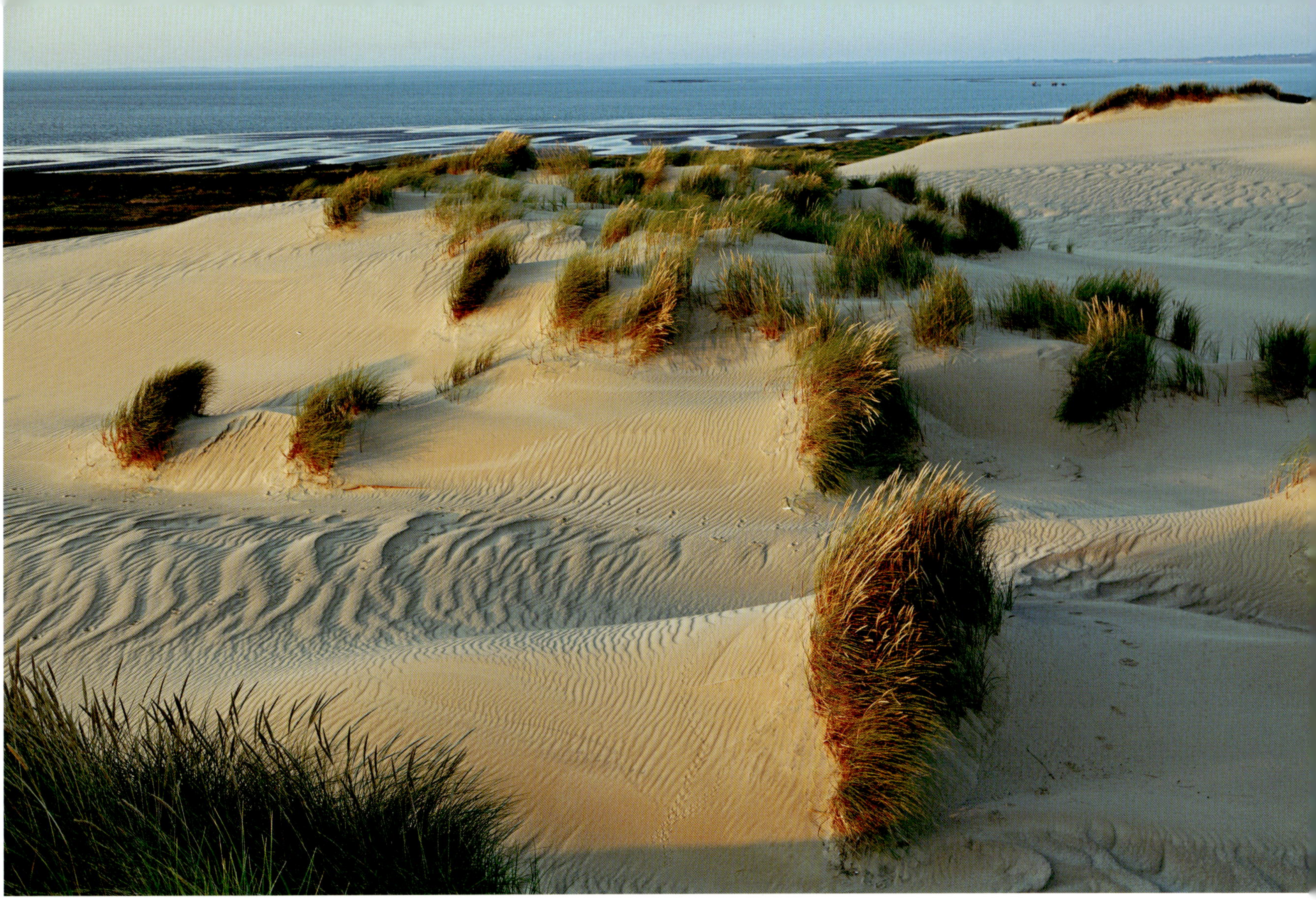

***Oben:***
*Tatsächlich an eine Wüste erinnern die Sand- und Dünenlandschaften bei List. Das Listland steht bereits seit 1923 unter Naturschutz.*

***Links:***
*An der Ostspitze des Lister Ellenbogens treffen die offene Nordsee und das Wattenmeer aufeinander. Hier ein Blick auf das letztere südlich von List.*

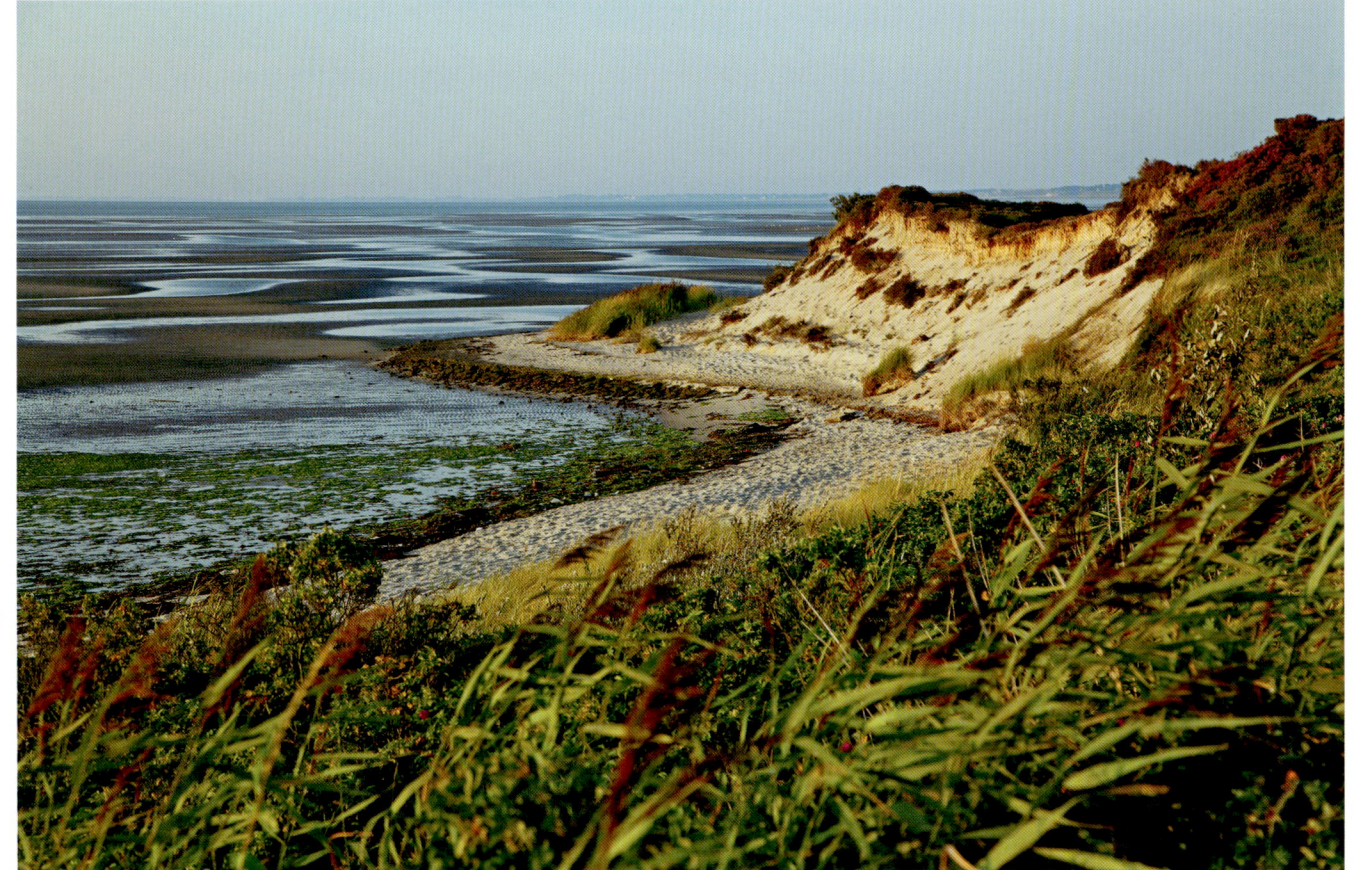

**Linke Seite:**
50 Kilometer weit schickt
der 34 Meter hohe Leucht-
turm von Hörnum sein
Licht über das Wasser.
1907 wurde der guss-
eiserne Wächter des Mee-
res erbaut. Eine Zeit lang
beherbergte er sogar eine
kleine Schule.

Der Hafen ist das Zentrum
des südlichsten Ortes
von Sylt. Hier legen die
Ausflugsschiffe an und ab,
hier entladen die Krabben-
fischer ihre Kutter. Um die
Anlegestelle entwickelte
sich erst zu Beginn des
20. Jahrhunderts das Dorf
Hörnum, das 1918 nur
21 Einwohner zählte.

Immer lohnenswert ist
ein Ausflug zum Beispiel
mit einem Schiff der Adler-
Reederei von Hörnum
aus. Man kann zwischen
verschiedenen Fahrten
wählen – zu den Seehund-
bänken, zu den verschie-
denen Nachbarinseln oder
den Halligen.

Hörnum ist Austragungs-
ort des „Beach Polo World-
cup Sylt". Um Pfingsten
herum treten sechs Teams
aus vier Nationen am Ost-
strand gegeneinander an.
Kulinarische Köstlichkei-
ten und erfrischende Ge-
tränke werden bei diesem
sehenswerten tempo-
reichen Spektakel natür-
lich ebenfalls geboten.

# Kniepsand und rot-weißer Leuchtturm – Amrum

*Sand, soweit das Auge reicht. Mögen im Sommer auch noch so viele Besucher den circa 15 Kilometer langen Kniepsand (hier bei Nebel) auf Amrum bevölkern – er bietet immer noch genügend Platz.*

Wie ein dicker Halbmond liegt die waldreichste der Nordfriesischen Inseln zwischen Nordsee und Wattenmeer. Ihre größtenteils hellgelbe Farbe – im Sommer mit bunten Strandkörben gesprenkelt – verleiht ihr der Kniepsand. Der riesige Strand ist eigentlich eine Sandbank, die Wind und Wellen über Jahrhunderte aufgebaut haben und die die Form immer wieder verändert. Ein Paradies aus feinstem Sand und unzähligen Muscheln – nicht nur für Badegäste.

Umgeben ist Amrum von zahlreichen Untiefen, was die Seefahrt zumindest in früheren Zeiten zu einem gefährlichen Unternehmen machte. Deshalb wurde von 1873 bis 1875 zwischen Wittdün und Süddorf mit über 60 Metern Feuerhöhe einer der höchsten Leuchttürme der schleswig-holsteinischen Westküste in Betrieb genommen – zum Leidwesen der Inselbewohner, die von den Schiffsunglücken nicht schlecht profitiert hatten. Beim sogenannten Strandlaufen brachten sie ihre Fundstücke vor dem Strandvogt in Sicherheit. Heute ist der rot-weiße Leuchtturm ein Wahrzeichen der Insel und wer die insgesamt 297 Stufen (172 auf der Wendeltreppe im Turm) bewältigt hat, kann eine wunderbare Aussicht auf Nordsee und Wattenmeer und die Landschaften Amrums genießen: Den Salzwiesen im Osten folgen Pferdekoppeln und Felder, in der Inselmitte erstreckt sich der Waldgürtel, die Dünen erheben sich vor dem Kniepsand.

Empfangen wird man als Gast in dem Fährhafen von Wittdün, Seeheilbad und südlichstes der fünf Inseldörfer. Um die Südspitze führt die sogenannte Wandelbahn – die Wittdüner Strandpromenade wurde 1914 bis 1921 als Uferschutzmauer gegen Sturmfluten gebaut. Steenodde, das kleinste Dorf der Insel, und Süddorf mit seiner Mühle sind heute Ortsteile von Nebel. Der Hauptort in der Inselmitte ist mit seinen alten Friesenhäusern und der romanischen St.-Clemens-Kirche wohl der romantischste. Norddorf gehört zu den zehn größten Bade- und Kurorten Schleswig-Holsteins.

*Linke Seite:*
*Das weiß-rote Wahr-*
*zeichen Amrums erhebt*
*sich als höchster Leucht-*
*turm an der Nordseeküste*
*Schleswig-Holsteins fast*
*42 Meter in den Himmel.*
*1875 wurde das Signal-*
*feuer zwischen Wittdün*
*und Süddorf in Betrieb*
*genommen.*

*Die Siedlungen Amrums*
*liegen allesamt näher am*
*Wattenmeer, als an der*
*Westküste. Um zum Bade-*
*strand zu gelangen, hat*
*man also meistens einen*
*kleinen Fußmarsch vor*
*sich, wofür die wunder-*
*schöne Dünenlandschaft*
*aber entschädigt – hier*
*bei Süddorf.*

**Oben:**
Strandkorbstillleben am Strand von Norddorf auf Amrum. Unter der mit wetterfestem Stoff bespannten Sitzfläche des beliebten Outdoormöbels befinden sich meist zwei Fußkästen, in denen man seine Utensilien verstauen kann.

**Rechts:**
Muscheln, Krebse, Wattwürmer – schon die Funde am Strand lassen erahnen, was für ein einzigartiger und vielfältiger Lebensraum Nordsee und Wattenmeer sind – hier am Strand bei Norddorf.

**Links:**
*Badefreuden bei Norddorf auf Amrum – man sollte aber die Gefahren der Nordsee und des Wattenmeeres insbesondere wegen der starken Strömungen nicht unterschätzen.*

**Unten:**
*Abendlicht am Strand von Norddorf: Auf dem Heimweg vom Meer werfen die Sonnenanbeter lange Schatten in den Sand.*

**Oben:**
Auch an der Südspitze von Amrum bei Wittdün herrschen gute Bedingungen für Kitesurfer.

**Rechts:**
Den Seehund kann man fast schon als Wappentier der Küste bezeichnen. Auf den Sandbänken vor Amrum kann man ihn beobachten. Nach jahrhundertelanger Jagd und einer durch das Staupevirus verursachten Seuche haben sich die Bestände langsam wieder erholt.

**Oben:**
Aus der Luft lassen sich die landschaftlichen Besonderheiten Amrums besonders gut betrachten: im Westen der einzigartige Kniepsand, dann die Dünen, der Waldgürtel und schließlich die Felder und Wiesen mit den Siedlungen.

**Links:**
Fast verloren in der Weite des Kniepsandes stehen die Menschen am Strand von Wittdün. In der Ferne ist ein schmaler blauer Streifen Nordsee zu erkennen.

Die heutigen, von dunklen Stoffen und weißen Schürzen dominierten, Trachten werden in dieser Form seit etwa der Mitte des 19. Jahrhunderts getragen. Dazu kommt ein dreieckiges Schultertuch und eine Art Haube, die aus einem reich verzierten Tuch geschlungen wird. Zum ersten Mal angelegt wird die oft in der Familie vererbte Tracht zur Konfirmation. Hier sieht man sie auf dem Mühlenfest in Nebel auf Amrum.

**Rechte Seite:**
Gefeiert wird anlässlich des Deutschen Mühlentages auf der Mühlenwiese vor der Erdholländermühle in Nebel auf Amrum mit einem Tag der offenen Tür, viel Musik, der Trachtengruppe, einem Kinderprogramm und natürlich auch leckerem Essen und Trinken. Die Mühle wurde 1771 errichtet und war bis 1964 in Betrieb. Neben der Mühle befindet sich auch ein sehenswertes kleines Heimatmuseum.

# BIIKEBRENNEN, RINGREITEN UND RUMMELPOTT – INSELFESTE

Es war kalt an diesem Februarabend. Verdammt kalt. Sollten wir uns trotzdem noch mal aufraffen und unsere gemütliche Ferienwohnung verlassen, nur um einen großen Holzhaufen brennen zu sehen? Widerstrebend hüllten wir uns in unsere Wintermontur und spazierten zu der großen Brachfläche am Wyker Flugplatz. Und was soll man sagen – es hat sich gelohnt. Zur inneren Erwärmung schenkte die Feuerwehr hochprozentigen Punsch aus und als dann nach diversen Ansprachen der riesige Holz-/Reisigberg endlich brannte, herrschte eine beeindruckende Stimmung. Verbrannt wurde dabei auch eine lebensgroße Strohpuppe, der Piader oder Petermann – auf diese Weise soll symbolisch der Winter vertrieben werden. Die Kinder schwärzten sich mit Asche die Gesichter schwarz. Der Rückweg auf der Strandpromenade war besonders reizvoll: Auf den Halligen und auf Amrum sowie auf dem Festland konnte man im Dunkel der Nacht die Biikefeuer lodern sehen.

Das Biikebrennen hat eine uralte Tradition. Am 21. Februar, dem Vorabend des Petritages, werden große Stapel entzündet, für die schon wochenlang vorher Holz und Reisig gesammelt wurde. In heidnischen Zeiten könnte es (wie heute wieder) zur Vertreibung der Wintergeister gedient haben, nach der Christianisierung wurde das Fest mit dem Gedenktag für den Apostel Petrus verbunden. Während der Zeit der großen Seefahrten soll das Biikebrennen auch zur Verabschiedung der Walfangmannschaften vor ihren langen und gefährlichen Reisen veranstaltet worden sein. Heute ist es jedenfalls ein Volksfest für Insulaner und Besucher, und wenn der Stapel niedergebrannt ist, geht es zum Grünkohlessen in den Dorfkrug.

### Mittelalterliche Reiterspiele

Ins Mittelalter versetzt fühlt man sich bei Reitturnieren im Sommer auf den Inseln. Der Ursprung dieser an Ritterspiele erinnernden Veranstaltungen soll bereits im 14. Jahrhundert liegen. Richtig in Mode kam das Ringreiten aber erst um die Mitte des 19. Jahrhunderts – damals wurden erste Ringreitervereine auf Sylt und Föhr gegründet. Bei den Wettbewerben in der Zeit von Mai bis August muss der Reiter dreimal hintereinander auf einem galoppierenden Pferd einen Metallring auf eine Holzlanze aufspießen, welcher an einem Magneten an einer Schnur zwischen zwei meterhohen Pfosten hängt. Der Ring wird von Durchgang zu Durchgang kleiner bis hin zum Königsring, der nur noch einen Durchmesser von 1,3 Zentimeter

hat. So wird über mehrere Turniere der Ringreiterkönig, beziehungsweise die Ringreiterkönigin ermittelt. Nach dem Turnier und der Krönung folgen Umzüge mit prachtvollen Uniformen – jeder Ringreiterverein hat seine eigene, Orden und Wimpel schmücken die Lanzen.

Über das ganze Jahr verteilt gibt es zahlreiche Feste und Bräuche mit älterer und jüngerer Tradition, kirchlichen und weltlichen Ursprungs auf den Inseln. Der alte Fasnachtsbrauch der Prämienmaskerade hat sich zum Beispiel nur noch in Nieblum auf Föhr erhalten. Himmelfahrt steht im Zeichen von „Rundföhr": An diesem Tag umrunden gut gelaunte Gruppen die Insel auf 37 Kilometern – ein Brauch, den es erst seit dem Anfang des 20. Jahrhunderts gibt. Andere Bräuche wie „Steedengripen" oder „Taamsen" auf Föhr haben sich hingegen nicht erhalten. Bei dem ersteren ging es um die Plätze in den Kirchen, die einmal im Jahr neu vergeben, beziehungsweise versteigert wurden, das zweite war ein Brauch am 21. Dezember, dem Tag des Heiligen Thomas, an dem zur Tag- und Nachtgleiche alle Räder stillstehen sollten. Alles mit Rädern wurde untergestellt, und was vergessen wurde, von der Jugend auf einen Haufen gestellt. Erhalten hat sich hingegen das sogenannte „Rummelpottlaufen" (auf Amrum: Hulken), bei dem am Silvesterabend maskierte und verkleidete Kinder von Haus zu Haus ziehen, Neujahrswünsche überbringen und Gedichte und Sprüche vortragen. Sie werden dann mit einer süßen Gabe belohnt. Der Name stammt von früher selbst hergestellten Instrumenten aus einem Tontopf oder einer Dose, die mit einer Schweinsblase überzogen wurden, in der ein Reethalm steckte, mit dem man dann Brummgeräusche erzeugen konnte. Zu diesen althergebrachten Bräuchen gesellen sich unzählige neue Festivitäten wie zum Beispiel das „Gourmet Festival" auf Sylt, die „Nordfriesischen Lammtage", das Wyker Hafenfest oder die „Rungholttage" – der Festkalender ist in jedem Fall prall gefüllt.

**Links:**
*Im Februar werden gewaltige Holzstöße für das Biikebrennen errichtet, die in der Nacht vom 21. auf den 22. Februar angezündet werden, um den Winter zu verabschieden – hier in Wyk auf Föhr.*

**Oben:**
*Ob die Wurzeln des Ringreitens tatsächlich in den mittelalterlichen Ritterturnieren zu suchen sind, ist bis heute nicht bewiesen. Doch bei den lanzenbewehrten Reitern fühlt man sich tatsächlich daran erinnert.*

**Kleine Bilder rechts, von oben nach unten:** Blasmusik gehört zu vielen Festen auf den Nordfriesischen Inseln dazu – hier in Midlum auf der Insel Föhr.

Kunstvoll gestickte Fahnen der einzelnen Vereine werden anlässlich des Ringreitturniers in Oldsum auf Föhr bei einem Umzug präsentiert.

Der starke Kontrast von fast ausschließlich schwarzem Kleid und weißer Schürze bestimmt die Amrumer Tracht. Sie veranschaulicht die auf den Inseln gelebte Tradition.

Filigran gearbeiteter Silberschmuck vervollständigt die Festtagstracht der Inselfrauen. Manchmal sieht man auch einen kettenartigen Brustschmuck aus Silber.

**Oben:**
Krabbenkutter vor der
Insel Amrum. Am besten
kauft man sich seine
Krabben, die eigentlich
korrekt Garnelen heißen
müssten, frisch vom Kutter,
auf dem sie sofort nach
dem Fang in Seewasser
gekocht werden.

**Rechts:**
Gezeitenströmung
zwischen Amrum und Föhr.
Hier kann man sich vor-
stellen, dass das Baden
aufgrund der starken
Strömungen an manchen
Stellen äußerst gefähr-
lich ist.

Wind ist meist reichlich vorhanden: Die Gewässer der Nordfriesischen Inseln gelten als ideales, wenn auch nicht ganz einfaches Segelrevier. Anlegen können Segler auf Amrum nur in Wittdün im Süden der Insel.

*Linke Seite:*

*Während das reetgedeckte Kirchenschiff bereits 1236 errichtet wurde, kam der große Kirchturm erst 1908 zur St.-Clemens-Kirche in Nebel.*

*Im Inneren der St.-Clemens-Kirche fällt an der Seitenwand eine hölzerne Skulpturenreihe der Apostel ins Auge, die aus dem frühen 14. Jahrhundert stammt. Die seitliche Empore ist ebenfalls teilweise mit Apostelbildern bemalt.*

*Bekannt ist der Friedhof der St.-Clemens-Kirche für seine über 150 historischen Grabsteine. Mit aufwändig gestalteten Bildern und Ornamenten sowie ausführlichen Texten versehen, erzählen sie die Lebensgeschichten ehemaliger Inselbewohner.*

73

**Links:**
*Malerische reetgedeckte Friesenhäuser findet man zahlreich in Nebel, Amrums größtem Inselort. Charakteristisch sind die hohen spitzen Giebel mit Fenster über der Eingangstür.*

**Unten:**
*Cafés und Restaurants verwöhnen den Besucher in Nebels Zentrum mit friesischen Spezialitäten. Obwohl hier das schönste Ortsbild der Insel zu finden ist, geht es noch immer relativ beschaulich zu.*

**Ganz unten:**
*Friesische Idylle. In den Gärten um die Häuser Nebels blühen viele Rosen und Stockrosen. Obstbäume trotzen dem rauen Klima.*

Sommer auf Amrum:
Herrliche Blumenidyllen
zeigen die Gärten der alten
Friesenhäuser in Nebel.
Unter anderem Rosen,
Ringelblumen, Mohn,
Margeriten und Lupinen
blühen dort um die Wette.

Auch außerhalb der wind-
geschützten Gärten zeigt
sich die Inselnatur im
Sommer farbig: Violett-lila
färbt sich die Heideland-
schaft bei Nebel (oben),
helllila blüht der Rhodo-
dendron an einem Birken-
stamm (links).

**Oben:**
Große Fähre, kleines Segelboot – obwohl sowohl Föhr als auch Sylt jeweils einen kleinen Flugplatz besitzen, kommen doch die meisten Besucher mit der Fähre nach Amrum oder Föhr, beziehungsweise mit dem Zug über den Hindenburgdamm nach Sylt.

**Rechts:**
Die Fähren nach Amrum und Föhr starten ab Dagebüll. Die Schiffe der Wyker Dampfschiffs-Reederei (W.D.R.) bieten auf den Überfahrten in ihren großen Cafés neben Getränken und Kuchen auch kleine Speisen.

**Links:**
*Reist man ohne Auto auf die Inseln, braucht man auch keine Reservierung für die Fähre. Auf Amrum laufen die Schiffe der W.D.R. den Hafen von Wittdün an.*

# Föhr – die grüne Insel

*Küstenschutz der tierischen Art: Diese Schafe auf dem Deich der Insel Föhr festigen durch ihre Tritte mit den kleinen Hufen den Boden und regen durch das beständige Abgrasen das Wachstum der Wurzeln des Deichgrases an, was die pflanzliche Schutzschicht widerstandsfähiger macht.*

Föhr ist anders. Davon abgesehen, dass jede der Nordfriesischen Inseln ihren eigenen Charakter hat, ist Föhr etwas Besonderes. Da ist zunächst einmal die Form: Fast kreisrund liegt die mit 82 Quadratkilometern zweitgrößte Nordfriesische Insel komplett im Wattenmeer. Das hat Konsequenzen: Sie fällt an allen Ufern für die Hälfte des Tages trocken – das Baden muss man also möglichst planen. Dafür hat der „Windschatten", den Amrum und Sylt geben, aber auch einen Vorteil: Das Klima ist milder. Die Landwirtschaft, die nach dem Niedergang des Walfangs Mitte des 19. Jahrhunderts intensiviert wurde, ist eine wichtige Einnahmequelle und beschert auch dem Urlauber regionale Köstlichkeiten wie Inselkäse und Inselbutter, Eier, Milch, Gemüse und Föhrer Landschinken. Zudem ermöglicht sie eine Urlaubsvariante, die man ansonsten kaum so findet: Ferien auf dem Bauernhof und das in unmittelbarer Nähe zum Meer! Und in den Bauerngärten malen die Stockrosen, Dahlien, Klematis, Rittersporn und im Frühjahr unzählige Krokusse die romantischsten Ansichten vor den alten Friesenhäusern. Noch immer ist Föhr ein bisschen ruhiger und beschaulicher als zum Beispiel Sylt – möge es so bleiben!
Wahrzeichen der Insel sind die backsteinernen Friesenkirchen: St. Nicolai in Boldixum, St. Johannis in Nieblum und St. Laurentii in Süderende, auf deren Friedhöfen die „sprechenden Grabsteine" von den Schicksalen der Inselbewohner berichten. Vier große Windmühlen erinnern an die frühere Verarbeitung des inseleigenen Getreides in Wyk, Wrixum, Witsum und Oldsum. Das Museum „Kunst der Westküste" in Alkersum präsentiert Werke, die sich mit dem Thema Meer und Küste beschäftigen, im Friesenmuseum in Wyk erfährt man viel über die Föhrer Geschichte, über Seefahrt, Fisch- und Walfang, aber auch über die Besonderheit der Vogelkojen auf der Insel und noch viel mehr. Jedes der elf Inseldörfer hat seinen Reiz und in der einzigen Inselstadt Wyk suchten schon Könige und Prominente Heilung und Erholung, schließlich ist es eines der ältesten Nordseebäder Deutschlands.

**Oben:**
Festlich beleuchtet ist der Hafen von Wyk auf Föhr – der größte der Nordfriesischen Inseln. Neben den Schiffen der Wyker Dampfschiffs-Reederei legen hier die Krabbenkutter, die Ausflugsschiffe zu den Halligen oder aber die Schiffe der Küstenwache an. Daneben gibt es noch einen großen Sportboothafen.

**Rechts:**
Live-Musik auf dem Wyker Hafenfest, das alljährlich im August stattfindet. Gesponsert wird die Veranstaltung unter anderem von „Der Insel-Bote", der täglich erscheinenden Inselzeitung, die allerdings je nach Wetterlage auch mal später von der Druckerei auf dem Festland auf das Eiland gelangt.

**Links:**
*Ein gigantisches Feuer-
werk wird anlässlich des
Wyker Hafenfestes über
dem Wattenmeer entzün-
det. Das „Föhr on Fire"
genannte Spektakel mit
Musik betrachtet man am
besten vom Strand aus.*

**Rechts:**
Am Sportboothafen von Wyk liegt das beliebte Café Klein Helgoland. Unter dem grasbewachsenen Dach genießt man zwischen Delfter Kacheln Kuchen und andere kleine Köstlichkeiten.

**Unten:**
Viel los ist während des Wyker Hafenfestes im August. Im Sommer findet auch jeden Sonntag ein beliebter Fischmarkt auf dem Hafengelände statt, der jedoch eher an einen Jahrmarkt erinnert. Gute Krabben- und Fischbrötchen bekommt man auf jeden Fall bei „Klatt's Fisch Spezialitäten".

**Oben:**
Dicht an dicht liegen in den Sommermonaten die Segeljachten im Sportboothafen von Wyk auf Föhr. Im Südosten der Insel gelegen, ist er der einzige der Insel.

**Ganz links:**
Auch im März kann man es schon draußen aushalten: Die Strandbar Pitschi's bietet eine große Holzterrasse am Südstrand von Wyk.

**Links:**
Benannt nach Föhrs erfolgreichstem Walfänger bietet das Restaurant „Zum glücklichen Matthias" unter anderem viele Fischgerichte. Hier trinken aber auch Einheimische abends noch ein Bier in der mit allerlei maritimem Zubehör ausgestatteten Gaststube.

**Seite 86/87:**
*Windsurfer und Strand-
läufer tummeln sich am
Strand der Inselhaupt-
stadt. Da Föhr mitten im
Wattenmeer liegt, muss
man die Gezeiten
beachten, wenn man ins
oder aufs Wasser will.*

**Rechts:**
*Hinter den Heckenrosen
der Strandpromenade
blickt man auf die Strandkörbe von Wyks Strand.
Kilometerlang erstreckt
sich dieser um die Südost-
ecke der Insel, sodass
man auch zur Hauptsaison
noch ein ruhiges Plätz-
chen findet.*

**Unten:**
*An Wyks Strandprome-
nade ist immer etwas los.
Hier, am Sandwall, findet
man Cafés und Hotels,
diverse Geschäfte, das Kurhaus samt Programmkino
und Saal für viele kulturelle
Veranstaltungen.*

**Oben:**
An Wyks nach Süden aus-
gerichtetem Sandstrand
kann man nicht nur
sonnenbaden, sondern
sich auch – zum Beispiel
beim Beachvolleyball –
sportlich betätigen. Im
Hintergrund erkennt man
hinter der Fähre das Festland.

**Links:**
Auch Nieblum an der Süd-
küste Föhrs bietet einen
weitläufigen Strand – bei
gutem Wetter mit Blick auf
die Nachbarinsel Amrum
mit Leuchtturm. Hinter den
Dünen befindet sich ein
großer, windgeschützter
Spielplatz.

**Unten:**

Drei beeindruckende mittelalterliche Kirchen findet man auf Föhr in den Orten Boldixum (bei Wyk), Süderende und Nieblum. Mit Blumen verziert sind die Gewölbe der St.-Nicolai-Kirche in Boldixum, die aus dem Jahr 1240 stammt.

**Ganz unten:**

Von einem Steinwall ist der weitläufige Friedhof von St. Laurentii in Süderende umgeben. Hier findet man zahlreiche der sogenannten „sprechenden Grabsteine".

**Rechts:**

Als gewaltiger Backsteinbau erhebt sich die Kirche St. Johannis am Rand von Nieblum. Die wegen ihrer Größe auch „Friesendom" genannte, im Grundriss kreuzförmige Inselkirche entstand hauptsächlich im 13. Jahrhundert.

# ERZÄHLENDE STEINE – GRABDENKMÄLER IN SÜDERENDE UND NEBEL

Matthias Petersen
Nat: Oltsumi
D: 24 Dec: 1632
Denat: D: 16 Sept: 1706, Rei
Nauticae, in Gronlandiam
peritissimus, ubi
incredibili successu
373 Balenas
cepit, ut inde omnium
suffragio nomen
Felicis
Adeptus sit, et coniux
Inge Matthiessen
Nat: D. 7 Oct: 1641
Den: D: 5 April 1727

Securus morte est, qui
scit se morte renasci
mors ea non dici, sed
Nova vita potest.

Matthias Petersen
geb: in Oldsum
den 24 Dec: 1632
gest: den 16 Sept: 1706, er
war in der Schifffahrt nach
Grönland sehr kundig, wo er
mit unglaublichem Erfolg
373 Walfische
gefangen hat, sodass er von
da an mit Zustimmung aller
den Namen
Der Glückliche
annahm; und dessen Frau
Inge Matthiessen
geb: den 7 Oct: 1641
gest: den 5 April 1727

Ruhig im Tode ist der, welcher
weiß, dass er aus dem Tode
wiedererstehen wird.
Tod kann das nicht genannt
werden, sondern
ein neues Leben.

Der Text dieser Grabplatte auf dem schönen Friedhof der Kirche St. Laurentii in Süderende auf Föhr berichtet nicht nur, wann Matthias Petersen geboren und gestorben ist, sondern auch über Beruf und Ehepartnerin. Zwischen den beiden Textteilen schmückt ein rundes Emblem das Grabmal, auf dem eine unbekleidete Fortuna über einem seine Fontäne blasenden Wal schwebt.

Anders als in südlicheren Regionen Deutschlands zieren auf den nordfriesischen Inselfriedhöfen, insbesondere auf Amrum und Föhr, nicht nur das karge Geburts- und Sterbedatum samt Namen die Grabsteine – hier werden ganze Lebensgeschichten erzählt. Eine der interessantesten berichtet wohl der Grabstein von Hark Olufs – einer von circa 90 solcher Denkmäler auf dem Friedhof der St.-Clemens-Kirche in Nebel auf Amrum: Als 16-jähriger Matrose gehörte er zur Besatzung des Handelsschiffes Hoffnung, das 1724 im Kanal zwischen England und dem Kontinent von Piraten des Osmanischen Reiches gekapert wurde. Die Mannschaft wurde entführt und in Algier als Sklaven verkauft. Hark Olufs aber machte im algerischen Constantine Karriere, er stieg zum Schatzmeister und Kommandeur der Leibgarde eines Bey auf und nach zwölf Jahren wurde ihm die Frei-

heit geschenkt. Als er als reicher Mann in die Heimat zurückkehrte, wurde er Strandvogt, heiratete und hatte fünf Kinder. Er starb 1754. Außer seiner Lebensgeschichte schmücken ein Türkensäbel und Türkenhelm den kunstvoll gemeißelten Grabstein.

Waren die frühesten Grabmäler, sogenannte Feldkopfsteine (kopfgroße Steine aus Granit), noch kaum behauen und meist nur mit den Initialen des Verstorbenen und dem Todesdatum versehen, kam mit den wachsenden Handelsbeziehungen der Sandstein auf die Inseln, der leichter zu bearbeiten war. Im 16. und 17. Jahrhundert waren dann große liegende Platten aus Wesersandstein oder schwarzem Marmor aus Namur am westlichen Fuß der Ardennen (Belgien) in Mode, von denen heute aber nur noch wenige erhalten sind, weil sie meist wiederverwendet wurden für neue schmalere Grabsteine oder als Baumaterial (zum Beispiel als Türschwellen). Der klassische Grabstein des 18. und 19. Jahrhunderts ist die Stele, ein schmaler, aufrechtstehender Sandstein, der in der Bekrönung meist eine bildhafte Darstellung enthält, manchmal von einem Spruchband umgeben. Dem folgt ein Text, der den Lebensweg des Verstorbenen schildert und im unteren Bereich ist oft ein Spruch oder ein weiteres Bild angefügt.

### Kreuz, Herz, Anker – die Symbolik der Bilder

Die in den Bekrönungen verwendeten Bilder haben ihren Ursprung zumeist in der Bibel, im Berufsleben der Verstorbenen, in der Natur oder in der Mythologie. So stehen zum Beispiel Kreuz, Herz und Anker für die drei christlichen Grundtugenden Glaube, Liebe, Hoffnung – der Anker als Symbol der Hoffnung wird auch allein verwendet. Die Grabsteine für Frauen sind häufig mit Blumen verziert als ein Symbol für Vergänglichkeit, wobei abgeknickte Blüten auf einen frühen Tod verweisen. Pflanzenornamente auf den Steinen stellen manchmal auch Familienstammbäume dar – Rosen, Narzissen oder Sternblumen findet man für Frauen, Tulpen, Glockenblumen oder Eicheln für Männer. Abgebrochene Blumen verweisen auf bereits vor dem Zeitpunkt des Todes verstorbene Verwandte. Palmzweig und Krone sind Zeichen des Sieges und der Überwindung von Welt und Tod, Schmetterlinge waren schon in der Antike ein Bild für die unsterbliche Seele, für die auch die Taube als Symbol verwendet wird.

*Oben:*
*Besonders sehenswert ist in der Kirche der Hallig Langeneß die bemalte Decke mit Szenen aus dem Alten und Neuen Testament. Das Gotteshaus wurde nach mehreren Vorgängerbauten 1894 errichtet.*

**Rechts oben:**
Blick über den Friedhof von St. Laurentii bei Süderende auf Föhr. Auch hier kann man zahlreiche in Stein gemeißelte Lebensgeschichten entziffern. Stammt das Kirchenschiff bereits aus dem 12./13. Jahrhundert, wurde der Turm erst im 16. Jahrhundert errichtet.

**Rechts Mitte:**
„Ich habe nun den Grund gefunden, der meinen Anker ewig hält." Auch auf dem Friedhof der St.-Johannis-Kirche in Nieblum liest man Sinnsprüche und Wissenswertes aus dem Leben der Verstorbenen auf den Grabsteinen.

**Rechts:**
29 Jahre fuhr der Schiffskapitän Frad Peters zur See. Dem farbig gefassten Denkmal der Eheleute auf dem Friedhof von St. Laurentii kann man unter anderem entnehmen, dass sie eine Tochter hatten.

93

Föhr

Malerische Erkundungen einer Insel
Lars Möller, Ulf Petermann und Till Warwas

8. Juli bis 2. September 2012

**Linke Seite:**
*Ungewöhnlicher Eingang: Über sechs Meter hohe Walkieferknochen begrüßen die Besucher des Wyker Friesenmuseums am Rebbelstieg. Hier erfährt man viel über Tradition und Brauchtum und kann auf dem Gelände unter anderem das älteste Haus der Insel Föhr besichtigen.*

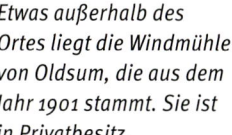

*Etwas außerhalb des Ortes liegt die Windmühle von Oldsum, die aus dem Jahr 1901 stammt. Sie ist in Privatbesitz.*

*Neueren Datums ist die Windmühle von Borgsum – sie wurde 1991 anstelle einer Vorgängerin aus dem Jahre 1894 errichtet. In dieser war noch bis 1978 Korn gemahlen worden.*

**Oben:**
Zwischen Midlum und Oevenum präsentieren sich die Teilnehmer eines Ringreiterturniers. Auf Föhr existieren vier Ringreitvereine mit insgesamt circa 120 Mitgliedern.

**Rechts:**
Aufwändig gestickte Fahnen zeigen die Ringreitervereine, hier in Oevenum. Der Westerland-Föhrer Ringreiterverein wurde zum Beispiel 1923 gegründet.

**Oben:**
Blasmusik darf zu fest-
lichen Anlässen auf der
Insel Föhr nicht fehlen.
Hier eine Kapelle in Midlum,
das im Herzen der grünen
Insel liegt.

**Ganz links:**
Das Ringreiten erfordert
großes Geschick: Immer
kleinere Ringe müssen mit
einer 1,40 Meter langen
Lanze getroffen werden.

**Links:**
Musiker auf seinem Fahr-
rad bei Oevenum. Über-
haupt ist das Zweirad ein
beliebtes Fortbewegungs-
mittel auf der Insel, die
zwar keine nennenswerten
Steigungen, dafür aber oft
Gegenwind zu bieten hat.

**Oben:**
Nicht weit von Wyk liegt
Oevenum beschaulich im
grünen Inselinneren.
Hübsche reetgedeckte
Häuser mit Sprossen-
fenstern und idyllischen
Gärten prägen das
Ortsbild.

**Rechts:**
Bäume spenden Schatten
auf der Straße bei Midlum.
Wie der Name des Ortes
verrät, liegt er fast in der
Inselmitte.

**Links:**
*Viele alte, aber auch
Friesenhäuser neueren
Datums findet man in
Nieblum, das als eines der
schönsten Dörfer Schles-
wig-Holsteins zählt. Dazu
tragen natürlich auch
die bunten Gärten bei.*

**Unten:**
*Pferdefreunde finden auf
der Insel Föhr zahlreiche
Reitmöglichkeiten vor.
Ein Ausritt am Strand oder
im Watt ist immer ein
besonderes Erlebnis. Hier
grasen die Vierbeiner
unter schönen Eichen bei
Oevenum.*

**Oben:**
Ein besonderes Erlebnis ist Föhr im Winter. Meer und Kälte lassen ganz neue Landschaften am Wyker Südstrand entstehen.

**Rechts:**
Ein Nachteil eines strengen Winters auf den Nordfriesischen Inseln kann natürlich sein, dass die Kutter nicht ausfahren können und man so auf frischen Fisch verzichten muss – hier eingefrorene Schiffe im Wyker Hafen.

**Oben:**
*Eisschollen-Landschaft zwischen Wyk und Nieblum. Nicht nur im Sommer lohnt ein Besuch der Nordfriesischen Inseln!*

**Links:**
*Besonders in den kühleren Jahreszeiten kann man herrlich am Strand entlangreiten. Aber auch im Inselinneren gibt es auf Föhr ein ausgewiesenes Reitwegenetz.*

# Träume im Meer – die Halligen

Als „schwimmende Träume" im Meer bezeichnete 1871 Theodor Storm die weltweit einzigartigen Eilande, die wie eine Fata Morgana im Wasser zu schwimmen scheinen. Dabei sieht man zum Beispiel von Föhr aus gar nicht die gesamte Hallig Langeneß – sondern nur die Warften, die künstlich aufgeschütteten Hügel, die die Häuser bei „Land unter" vor dem Wasser schützen. Gab es einst mehr als 50 solcher Halligen, sind es heute nur noch zehn. Von der Nordsee um- und oft überspült, liegen sie als Wellenbrecher vor der Westküste Schleswig-Holsteins. Die schwimmenden Wiesen aus Sand, Torf und Schlick entstanden erst im Rahmen der beiden Groten Mandränken 1362 und 1634, als das Wasser immer weiter landeinwärts vordrang. 1825 zerstörte die „Halligflut" nahezu alle Hallighäuser, Kühe, Pferde, Schafe und weit über 900 Bewohner fanden den Tod. Und noch bei der Sturmflut 1962 gab es große Schäden.

Nur fünf der Halligen sind heute bewohnt: Langeneß, die größte, liegt langgezogen im Süden von Föhr. Eine Besonderheit ist ihre Verbindung zum Festland mit der Lorenbahn, die seit 1925 zunächst unter Segeln, heute mit Dieselmotoren betrieben wird. Der eiserne Schienenstrang führt fast auf halbem Weg über die Hallig Oland mit ihrem reetgedeckten Leuchtturm.

Auf der zweitgrößten Hallig Hooge zeigt der Königspesel den Wohlstand, den ein erfolgreicher Walfänger zu den goldenen Zeiten im 18. Jahrhundert erreichen konnte. Die Hallig Gröde beherbergt die kleinste Gemeinde Deutschlands, bekannt dadurch, dass hier die Wahlergebnisse als erstes feststehen. Nordstrandischmoor entstand in der Sturmnacht 1634 und bildete zuvor mit Nordstrand und Pellworm die alte Insel Strand. Auf den Halligen Habel, Norderoog, Süderoog sowie Südfall haben nur Vogelwarte Zutritt, sie können nur teilweise auf geführten Touren besucht werden. Ob die Hamburger Hallig streng genommen noch zu den Halligen zählt, ist fraglich – ist sie doch seit 1859 durch einen Damm mit der Küste verbunden. Bewohnt ist sie nicht – nur das Ausflugsrestaurant hat in der Saison geöffnet.

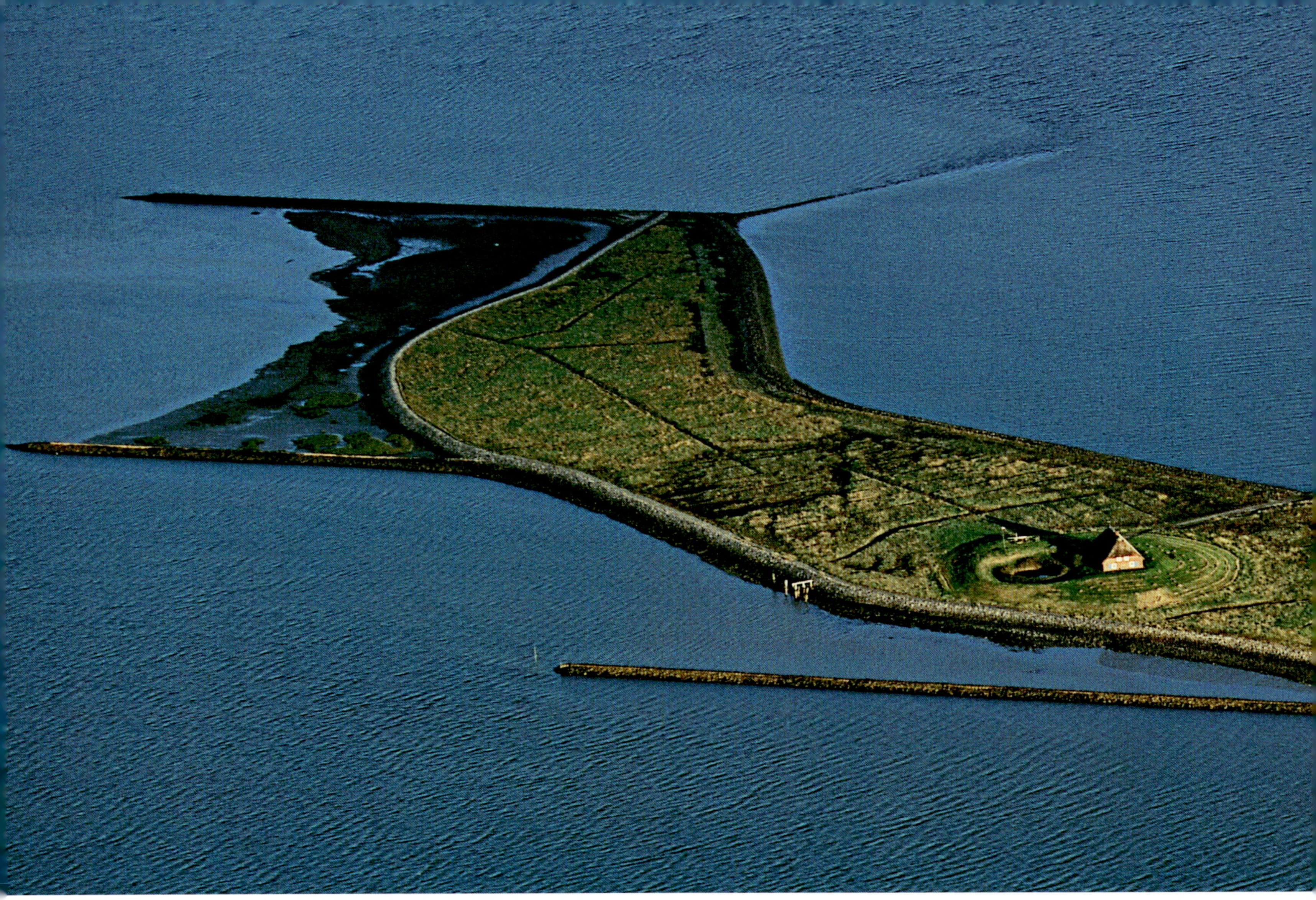

***Oben und rechts:***
*„Betreten verboten!" heißt es auf der kleinsten Hallig mit dem Namen Habel, die mit gerade einmal circa sieben Hektar im Schutzgebiet des Wattenmeeres liegt. Es gibt nur ein Haus auf einer Warft, das nur in den Sommermonaten von einem Vogelwart bewohnt wird.*

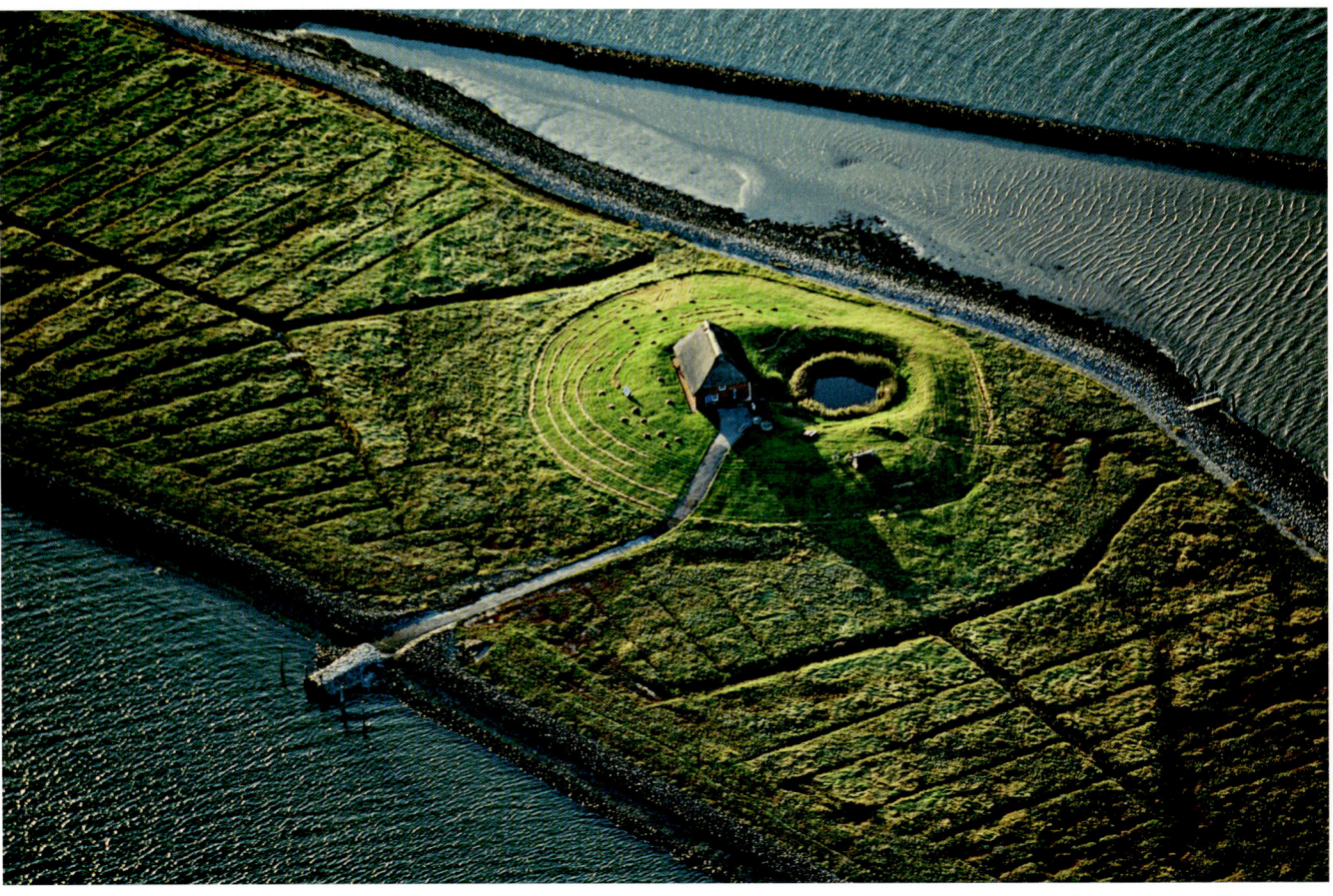

**Links:**
*Nur zwei Warften und ins-
gesamt fünf Häuser findet
man auf der Hallig Gröde.
Die vier Gebäude der
Knudswarft wurden nach
der Sturmflut 1962 neu
errichtet, auf der Kirchenwarft beherbergt das Haus
Schule, Kirche und Lehrer-
wohnung zugleich.*

**Unten:**
*Mit der „Kutsche zum Königspesel" gelangen viele Tagesbesucher der Hallig Hooge zur Hanswarft, auf der sich das Haus mit der alten Friesenstube befindet.*

**Ganz unten:**
*Die Kirche der Hallig Gröde entstand nach mehreren Zerstörungen im Jahr 1779. Der Flügelaltar stammt vom Ende des 16. Jahrhunderts, das Kreuz aus der Zeit um 1500.*

**Rechts:**
*Hier musste der dänische König Friedrich VI. 1825 wegen eines Sturmes übernachten. Seitdem heißt die gute Stube des um 1770 erbauten Friesenhauses auf der Hanswarft der Hallig Hooge „Königspesel". Mit ihren handbemalten Delfter Kacheln, der Decke, dem gusseisernen Ofen und sonstigen wertvollen Einrichtungsgegenständen ist sie äußerst sehenswert.*

**Links:**

*An der Westerwarft der Hallig Hooge lässt sich gut erkennen, dass die Häuser zum Schutz vor den mehrmals im Jahr stattfindenden Überflutungen auf künstlich aufgeschütteten Hügeln erbaut wurden.*

**Unten:**

*Das Leben auf den Halligen ist auch heute noch etwas ganz Besonderes. Wer kann sich schon vorstellen, nicht eben mal schnell einkaufen fahren oder zum Arzt gehen zu können?*

**Ganz unten:**

*In einem Friesenhaus aus dem Jahre 1750 kann man im Café „Zum blauen Pesel" auf der Hallig Hooge unter anderem leckeren Kuchen genießen. Die namensgebende Wohnstube kann man allerdings nur durch ein Fenster betrachten, da sie noch in ihrer ursprünglichen Funktion genutzt wird.*

# EINZIGARTIGER LEBENSRAUM – DAS WATTENMEER

Wasserflächen leuchten in der Sonne, Priele durchziehen weite Sandflächen, die von Rippelmarken in grafische Kunstwerke verwandelt sind, weite braune Schlicklandschaft erstreckt sich bis zum Horizont – auf den ersten Blick erscheint das Watt frei von Tieren, geradezu lebensfeindlich. Und doch ist diese außergewöhnlich vielfältige Landschaft mit Wattströmen und Prielen, Wattflächen, trockenfallenden Stränden, Muschelbänken, Seegraswiesen und Schlickflächen, mit blühenden Salzwiesen, weißen Stränden und Dünen ein einzigartiger Lebensraum für mehr als 10 000 Tier- und Pflanzenarten. Ist das eigentliche Wattenmeer der täglich zweimal vom Meerwasser überspülte und wieder trockenfallende Küstensaum zwischen dem Vordeichsland und den Salzwiesen der Inseln, gehören zum Wattenmeer als übergeordneter Einheit auch die Salzwiesen und die Inseln. Die Nordfriesischen Inseln liegen im Nationalpark Schleswig-Holsteinisches Wattenmeer, der zusammen mit dem Nationalpark Niedersächsisches Wattenmeer und dem Nationalpark Hamburgisches Wattenmeer den deutschen Teil des Wattenmeeres schützt. Zusammen mit den niederländischen Gebieten ist das Wattenmeer seit 2009 Weltnaturerbe der UNESCO.

### Small Five

Voraussetzung für die Anerkennung als Weltnaturerbe ist ein außergewöhnlicher universeller Naturwert und eine globale Bedeutung, die das Wattenmeer eindeutig vorzuweisen hat, und die es auf eine Stufe stellt mit anderen Naturgebieten wie der Serengeti in Ostafrika oder den Grand Canyon in den USA. Zwar trifft man im Norden von Deutschland nicht auf die „Big Five" der afrikanischen Nationalparks, sprich Elefant, Löwe, Nashorn, Büffel und Leopard. Dafür sind die sogenannten „Small Five" des Wattenmeeres äußerst staunenswerte Tierchen, die sich ihrem Lebensraum ideal angepasst haben: Sie ertragen Salzwasser und Trockenheit, Regenschauer, Frost und Hitze und müssen sich noch dazu zahlreicher Fressfeinde erwehren.

So sind vom bis zu 20 Zentimeter langen Wattwurm eigentlich nur die spaghettiähnlichen Sandkringel zu sehen, die an der Hinteröffnung seines u-förmigen Wohnganges liegen. Es sind die Kothaufen, die allerdings nichts Anrüchiges an sich haben, da der Wurm nur die dem Sand anhaftenden Algen frisst und den unverdaulichen Sand wieder von sich gibt. Dabei muss er allerdings vorsichtig sein, denn das ist der

Moment, in dem Austernfischer gerne zupacken und dem armen Wattwurm oft ein Teil seines Hinterendes abgerissen wird. Doch der Wattwurm ist ein Überlebenskünstler, er regeneriert sich wieder.

Schalen der Herzmuschel findet man sehr häufig an den Stränden der Nordfriesischen Inseln, doch eigentlich lebt sie in einer Tiefe von ein bis drei Zentimetern. Durch zwei kleine Öffnungen im Wattboden lässt sie Wasser durch ihren Körper strömen, wobei sie Sauerstoff und Nahrung aufnimmt. Dieser Vorgang ist verantwortlich für das feine Knistern, das man auf stillen Wattwanderungen vernehmen kann.

Der bekannteste Wattbewohner ist wohl die Nordseegarnele, auch wenn man ihr zumeist nur auf dem Krabbenbrötchen begegnet. Sie gehört zur Gattung der Zehnfußkrebse und passt ihre Farbe der Umgebung an. Bei Gefahr vergräbt sie sich im Sand und verbringt den Winter in tieferen Gewässern. Sie ist also nur ein Sommergast im Wattenmeer, genauso wie die Strandkrabbe, die bis zu acht Zentimeter Durchmesser erreicht. Sie ist ein sich seitwärts bewegender Aasfresser und hilft so, das Wattenmeer sauber zu halten.

Die kleinste Art dieser Tiergruppe ist die nur sechs Millimeter große Wattschnecke. 4000 bis 100 000 Exemplare von ihnen können auf einem Quadratmeter vorkommen, sie grasen Bakterien und Kieselalgen ab und tragen mit ihren Ausscheidungen zur Schlickwattbildung bei.

### Vögel, Robben und Wale

Und das waren jetzt nur fünf charakteristische Tiere des Wattenmeeres, das doch auch als Drehscheibe des Vogelflugs gilt: Millionen Vögel rasten hier, zahlreiche Arten haben hier ihre Brutgebiete. Das Wappentier der Küste, die allseits beliebten Seehunde kommen in den Sommermonaten ebenfalls wieder häufig ins Wattenmeer. Und in den Knobsänden vor Amrum und Sylt gibt es wieder Kolonien von Kegelrobben, die bis zu drei Meter lang werden können. Darüber hinaus ist die Nordsee westlich von Amrum und Sylt Heimat von Schweinswalen.

**Links:**
*Mit seinem roten Schnabel und den roten Beinen ist der Austernfischer der auffälligste Vogel im Wattenmeer. Mit seinem spitzen Schnabel pickt er unter anderem nach Wattwürmern.*

**Oben:**
*Mit Kutschen kann man von Nordstrand durch das Watt zur Hallig Südfall fahren. Das Naturschutzgebiet dort darf man nur im Rahmen von Führungen besuchen.*

**Kleine Bilder rechts, von oben nach unten:** Amphibisch erscheint die einzigartige Landschaft des Wattenmeeres, die nur zeitweise von Wasser überflutet ist und dann wieder trockenfällt.

Die Einmaligkeit des Wattenmeeres mit seinen Wasserrinnen und Prielen erschließt sich besonders aus der Luft – hier zwischen Pellworm und den Halligen.

Aufpassen muss man bei Wattwanderungen, um nicht an Schlickstellen auszurutschen – die klassische Strecke führt von Dunsum auf Föhr auf die Nachbarinsel Amrum.

Mag das Watt auf den ersten Blick wie eine feuchte, aber lebensfeindliche Wüste aussehen, entdeckt man doch vielfältige Spuren tierischer Bewohner – zum Beispiel die Sandhäufchen der Wattwürmer.

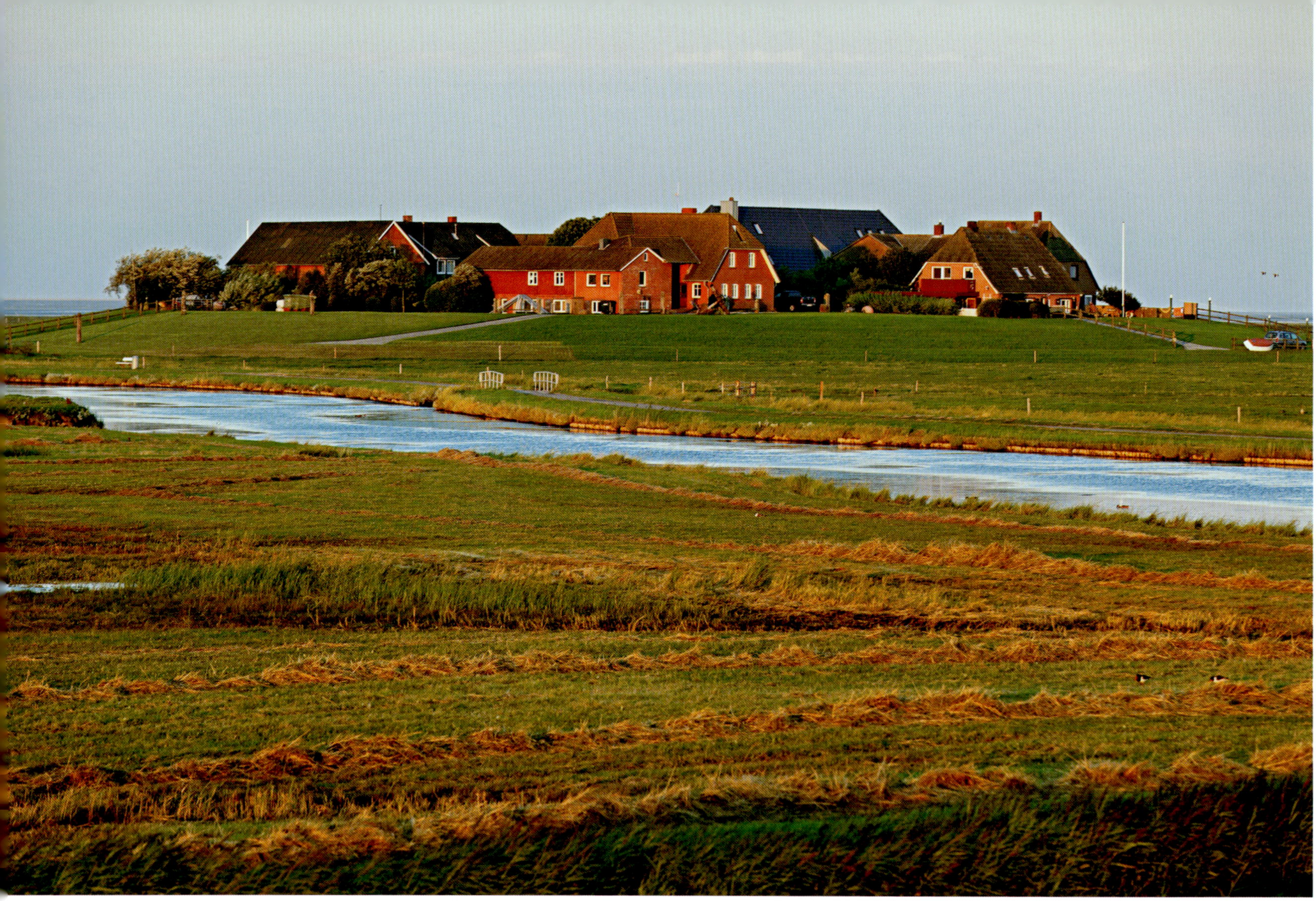

***Oben:***
*Flache Wiesen und Weiden sowie Salzwasserläufe bestimmen die Landschaft um die Ockelützwarft, die im Halliginneren von Hooge liegt.*

***Rechts:***
*Bauer Fresk Rolfs von der Lorenzwarft auf der Hallig Hooge sieht nach seinen Kühen. Mussten die Männer früher häufig zur See fahren, weil Landwirtschaft allein zum Lebensunterhalt auf den Halligen nicht ausreichte, bieten heute Tourismus und Küstenschutz die meisten Arbeitsplätze.*

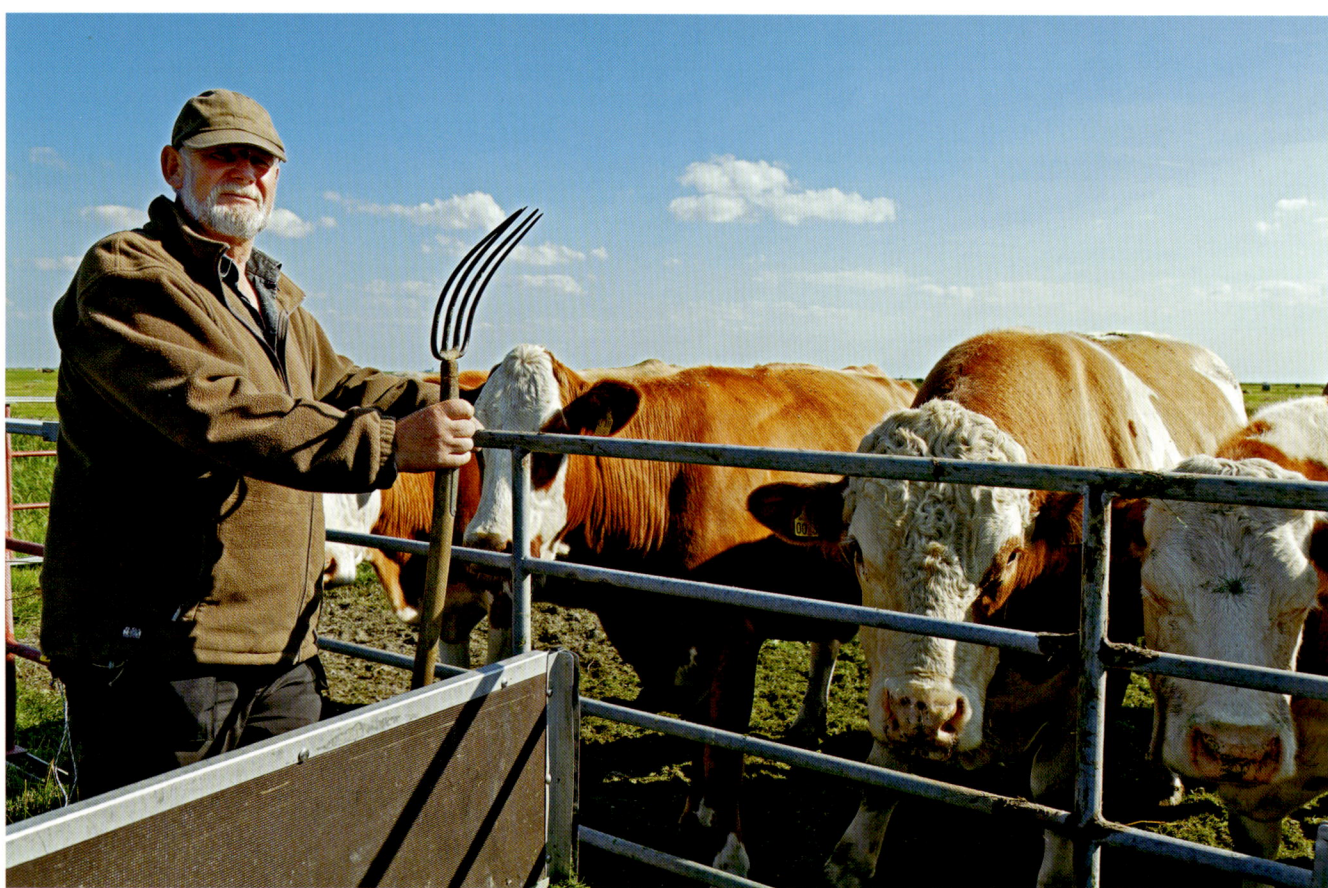

**Oben:**
Der kleine Hallighafen auf Hooge ist tideabhängig und fällt bei Ebbe trocken. Von dort blickt man auf die Kirchenwarft (links) und die Hanswarft im Hintergrund.

**Links:**
Parkende Fahrräder auf der Hallig Hooge bei der Lorenzwarft. Auf den flachen Eilanden stellen sich keine Anhöhen in den Weg, dafür bläst der Wind aber ungebremst.

**Rechts:**
Seit 1840 verbindet ein Lorendamm die Halligen Oland und Langeneß, erst seit 1927 gibt es auch einen solchen zum Festland. Hier ist Postbote Fiede Nissen auf seiner Lore zwischen Dagebüll und Oland unterwegs.

**Unten:**
Die kleine reetgedeckte Kirche der Hallig Oland wurde im Jahr 1824 erbaut. Unter der schön bemalten Decke befindet sich die Renaissancekanzel direkt hinter dem Altar, der alte Taufstein stammt noch aus dem 12. Jahrhundert.

**Oben:**
Auf Oland gibt es nur eine Warft, auf der sich aber 17 Häuser um einen sogenannten Fething versammeln. In dem Teich wurde früher das Regenwasser zum Tränken des Viehs gesammelt.

**Links:**
Auf der Ketelswarf (je nach Region heißt Warft nur Warf wie hier auf Langeneß) informiert das Kapitän-Tadsen-Museum über das Halligleben zu früherer Zeit. Typisch sind die weiß-blauen Kacheln und der gusseiserne Ofen.

**Unten:**
Zu zweit kann man leichter gegen den Wind ankämpfen. Auf Langeneß, der größten der Halligen gibt es einen Fahrradverleih auf der Rixwarf, wo auch die Ausflugsschiffe und Fähren anlegen.

**Ganz unten:**
Anno 1771 wurde dieses Haus der Peterswarf auf der Hallig Langeneß wohl errichtet. Insgesamt 18 Warfen reihen sich auf der circa zehn Kilometer langen aber nur 1,5 Kilometer breiten Hallig aneinander.

**Rechts:**
Gänse auf einer Salzwiese der Hallig Langeneß. Die Hallig wurde erst Mitte des 19. Jahrhunderts durch Landgewinn aus den drei zuvor einzelnen Halligen Nordmarsch, Butwehl und Langeneß gebildet.

**Oben:**
Aus dem Jahre 1725 stammt
dieses reetgedeckte Häus-
chen der Ketelswarf auf
Langeneß, die als schönste
Ansiedlung der Hallig gilt.

**Rechts:**
Nicht nur Wohnräume,
auch einen Stall kann
man im Kapitän-Tadsen-
Museum auf der Ketels-
warf besichtigen. Da Holz
auf den Halligen rar war,
wurde meist mit soge-
nannten Ditten geheizt:
Briketts aus getrocknetem
Kuhdung.

**Oben:**
Beim Kapitän-Tadsen-
Museum befindet sich
auch ein schöner Garten.
Das Museum selbst wurde
1987 in dem aus dem
Jahr 1741 stammenden
historischen Friesenhaus
eingerichtet.

**Links:**
„Befiehl dem Herrn deine
Wege!" – mit diesem
frommen Wunsch konnten
sich die Bewohner des
Hauses, in dem heute das
Kapitän-Tadsen-Museum
untergebracht ist,
beruhigt schlafen legen.

# Grüne Weiden, goldgelbe Rapsfelder – Pellworm und Nordstrand

Es muss eine unvorstellbar schreckliche Nacht gewesen sein – die Nacht vom 11. auf den 12. Oktober 1634, als die Buchardiflut die Insel Strand auseinanderriss. Übrig blieben drei Teile: Die Insel Pellworm, nach Sylt und Föhr die drittgrößte, Nordstrand, seit 1935 durch einen drei Kilometer langen Straßendamm mit dem Festland verbunden, und die Hallig Nordstrandischmoor.

Vor den Meeresfluten schützt heute ein acht Meter hoher und 25 Kilometer langer Deich die Insel Pellworm mit ihrem Hauptort Tammensiel, auf der nicht Strand und Dünen die Landschaft bestimmen, sondern goldgelbe Rapsfelder, grüne Weiden und Deiche mit Kühen und Schafen. Statt an Sandstränden entspannt man hier an elf grünen Stränden. Als Wahrzeichen gilt die Kirche St. Salvator mit ihrer mächtigen gotischen Turmruine im Alten Koog. Im Rungholtmuseum des Heimatforschers Hellmut Bahnsen kann man sich über das legendäre Rungholt informieren, dessen Bewohner in ihrem Hochmut Gott verhöhnt haben sollen und deswegen in der Groten Mandränke, der verheerenden Sturmflut von 1362, versanken.

Von allen Nordfriesischen Inseln am meisten durch Landwirtschaft geprägt ist Nordstrand mit seinem Flickenteppich aus sogenannten Kögen. Diese Eindeichungen nahmen in der zweiten Hälfte des 17. Jahrhunderts niederländische Deichbauer vor, denen dafür vom Gottorfer Herzog Friedrich III. weitreichende Rechte zugesprochen wurden, was zu einer Auswanderungswelle bei den verbliebenen Insulanern führte. Für die altkatholischen Niederländer wurde auch die Theresienkirche im Jahr 1661 in Süden errichtet. Älter ist jedoch die evangelische Kirche St. Vinzenz im Inselhauptort Odenbüll aus dem 13. Jahrhundert, die die große Sturmflut überstand, wenn auch durch Umbauten ihr ursprüngliches Erscheinungsbild verändert wurde. Die jüngste, römisch-katholische, Kirche ist St. Knud aus dem Jahr 1866 wiederum auf der Deichwarft Süden. Noch heute existieren auf der Insel drei Religionsgemeinschaften.

**Unten:**
*Das Glück der Erde liegt auch in Tilli, einem Ortsteil von Pellworm, auf dem Rücken der Pferde.*

**Ganz unten:**
*Schafe weiden auf den Salzwiesen bei Nordermitteldeich auf Pellworm. Im Hintergrund sind die Warften der Hallig Hooge zu erkennen.*

**Rechts:**
*Als Deichschützer dienen die Schafe hier bei der 1777 erbauten Nordermühle. Pellworm umgibt ein circa 25 Kilometer langer und acht Meter hoher Deich.*

**Oben:**
Schwarz-weiße und auch braun-weiße Kühe grasen auf den fruchtbaren Weiden des Marschlandes von Pellworm. Die Insel ist bis heute von Landwirtschaft geprägt.

**Rechts:**
Sonnenuntergang über der sanften Landschaft von Pellworm. Kaum zu glauben, dass die Insel einst bei der schrecklichen Sturmflut 1634 von der Großinsel Strand losgerissen wurde.

*Der Hafen von Tammensiel, Hauptort der Insel Pellworm, ist Heimat für einige Fisch- und Krabbenkutter, die hier ihren Fang anlanden. Dort legt auch die Fähre von Nordstrand an. Bei Ebbe fällt der Hafen trocken.*

**Seite 128/129:**
Die 1662 erbaute Alt-katholische Kirche St. Theresia auf dem Osterdeich auf

Nordstrand ist ein Backstein-Saalbau in Formen der niederländischen Renaissance. Sie war

ursprünglich das Gotteshaus der flämischen und niederländischen Katholiken, die nach der großen

Buchardiflut auf die Insel gekommen waren, um die Deiche wiederaufzubauen.

**Oben:**
Von Fuhlehörn auf Nordstrand starten die Kutschfahrten durch das Watt zur Hallig Südfall. Die fünf Kilometer westlich gelegene Insel darf nur im Rahmen einer Führung betreten werden.

**Rechts:**
In dem 1963 neu angelegten Hafen von Süderhafen auf Nordstrand ankern hauptsächlich Sportboote und Jachten.

**Oben:**
*Strandkörbe auf dem Rasen statt auf Sand: Die Badestrände von Nordstrand liegen überwiegend im Grünen. Beliebt ist der von Fuhlehörn.*

**Links:**
*Schafe weiden auf dem saftigen Vorland bei Süderhafen auf Nordstrand. Eingerahmt wird das Marschland von Nordstrand von einem acht bis neun Meter hohen und 28 Kilometer langen Seedeich.*

**Links:**

*Das Wattenmeer kann stürmisch und auch heute noch gefährlich sein. Sturmfluten nagen an den Nordfriesischen Inseln. Dann kann es durchaus vorkommen, dass die ansonsten so pünktlichen Fähren nicht ablegen.*

**Unten:**

*Die flachen Wasser des Wattenmeeres täuschen, gerade bei ablaufendem Meer sollte man nicht baden gehen, die Strömungen sind äußerst gefähr-*

*lich. Auch Wattwanderer müssen immer wieder gerettet werden. Hier der Seenotrettungskreuzer „Eiswette" an der Hafeneinfahrt in Strucklahnungshörn auf Nordstrand.*

**Ganz unten:**

*Von Strucklahnungshörn starten die Fähren nach Pellworm, sowie die Ausflugsschiffe zu den Halligen. Auch die Nordstrander Krabbenkutter liegen hier vor Anker.*

# REGISTER

5 km

**DÄNEMARK**

**DEUTSCHLAND**

NORDFRIESISCHE

NORDFRIESISCHE INSELN

Rømø
Havneby
Havsand
Rømø Dyb

Bredebro
Løgumkloster

Lister Tief
Ellenbogen
Königshafen
List-
land
Jordsands Flak
Hjerpsted

List
Mellhörn
Højer Dyb

Westerheide
Vogelkoje
Rotes Kliff
Irrtief
DÄNEMARK

Rotes Kliff
Kampen
Pandertief
Højer

TØNDER

Braderup
Weißes Kliff
Wenningstedt
Munkmarsch
Mittelsand
Hestendragt
Süderlügum

WESTERLAND
Sylt Aquarium
Tinnum
Keitum
Altfriesisches
Haus
Klanxbüll
Neukirchen

Sylt
Archsum
Morsumkliff
Morsum
Friedrich-Wilhelm-
Lübke-Koog
Wiedingharde
NORDFRIESLAND

Rantum
Becken
Westerley
Osterley
Horsbüll

Rantum
Emmelsbüll

Eidumtief
Hörnumtief
Föhrer
Schulter
Dagebüll-
damm
Niebüll
Böklingharde

Hörnum
Lünsand
Föhr
Leck

Hörnum
Odde
Dunsum
Oldsum
Dagebüll
Fahretoft
Karrharde

Süderende
Midlum
Utersum
Alkersum
Oevenum
Oland
Norder-

Witsum
Borgsum
Wrixum
land

Vortrapptief
St.-Johannis-Kirche
Nieblum
Friesenmuseum
Oland

Hünengrab
Goting
Hünengrab
Wyk
auf Föhr
Ockholm
Langenhorn

Norddorf
Amrumtief
Oland
Schütt

Windmühlen-
museum
Norderaue
Kirchwarf
Hunnenswarf
Rocheley-
sand
Sönke
Nissen
Bordelum

Nebel
Marschnack
Ketelswarf
Tadenswarf
Habel
Reußenköge
Bredstedt

Süddorf
Mayenswarf
Gröde
Sandhörn
Koog
gosharde

Amrum
Wittdün
Hilligenley
Langeneß
Gröde-
Appelland
Hamburger
Hallig
Lütmoor-
see

Kniepsand
Süderaue
Halligen
Sandhörn
Der Strand
Butterloch
NSG
Süder-

Westerwarft
Backenswarf
Norderwarft
Neuwarft
Beltringharder
gosharde

Japsand
Ipkenswarft
Königspesel
Hanswarft
Amalienwarft
Koog
Wobbenbüll

Hooge
Ockenswarft
Norderwarft
Nordstranidisch-
moor
Holmer
See
Hattstedt

Norderoogsand
Waldhusen
Norder-
mitteldeich
Elisabeth-
Sophien-Koog
gosharde

Norderoog
Hooger
Fähre
Tammensiel
Norderhafen
Schobüll

Alte Kirche
Pellworm
Ostersiel
Nordstrand

Rummelloch
Tilli
Strucklahnungshörn
Alterkoog
England

Schütting
Süden
Herrendeich

Süderoog
Südfall
Neukoog
Süderhafen
HUSUM

Süderoogsand
Korbakken-
sand
Nordstrander
Watt
Südermarsch

Schmaltief
Norderhever
Mittelhever
Heverstrom
Eiderstedt

*Moderne Kunst: Sandschaufeln bilden mit ihrem Schattenspiel auf dem Kniepsand bei Norddorf auf Amrum fast ein abstraktes Bild.*

***Impressum***

***Buchgestaltung***
*Matthias Kneusslin*
*www.hoyerdesign.de*

***Karte***
*Fischer Kartografie, Aichach*


*Alle Rechte vorbehalten*

*Printed in Germany*
*Repro: Artilitho snc, Lavis-Trento, Italien*
     *www.artilitho.com*
*Druck und Verarbeitung: Offizin Andersen Nexö, Leipzig*
*© 2014 Verlagshaus Würzburg GmbH & Co. KG*
*© Fotos: Karl-Heinz Raach*
*© Texte: Ulrike Ratay*

*ISBN 978-3-8003-4192-4*


***Bildnachweis***
*Alle Bilder von Karl-Heinz Raach mit Ausnahme von:*
*S. 41, 2. Bild von unten: Magnus Manska/Wikipedia;*
*S. 41 ganz unten: Dar1930/iStockphoto.com; S. 68 unten:*
*Armin Sauer; S. 85 unten (2 Abb.): Armin Sauer; S. 90*
*oben: Amras wi/Wikipedia; S. 100/101 (4 Abb.): Armin*
*Sauer.*


*Unser gesamtes Programm finden Sie unter:*
***www.verlagshaus.com***